자연언어학회 학술총서 6

초점과 생략: 동시연산분석

Ellipsis and Focus: Parallel Computation Analysis

초점과 생략:
동시연산분석

Ellipsis and Focus:
Parallel Computation
Analysis

서수현 · 최숙희 · 김양순
박연미 · 손근원 · 홍성심 · 김연승

도서출판 동인

소리와 의미가 어떻게 결합되며 이들이 어떻게 연산체계에 연결되는가는 언어학 연구의 중심이 되어 왔다. 특히 이 연산체계에서 소리와 의미와 관계를 직접적으로 다루는 부분들을 우리는 접합면(interface)이라고 부르는데 이 접합면이 어떤 성격을 지니고 있는지를 연구하는 것이 현대 언어학의 가장 주된 과제라고 해도 과언이 아닐 것이다. 전통적인 접합면에 대한 연구는 통사-의미 접합면과 통사-음운 접합면을 주로 다루어 왔지만 최근에는 그 영역이 넓어져서 통사-의미 접합면과 통사-음운 접합면이 어떻게 담화나 정보구조와 상호작용을 일으켜 문장이 도출되고 의미가 결정되는가에 대한 심층적인 연구가 이루어지고 있다.

최근의 연구경향을 보면 생략현상이 많은 학자들의 관심을 끌고 있는데 이는 당연한 일로서 생략현상이 접합면의 구조와 성격을 밝히는데 있어 아주 중요한 역할을 담당하기 때문이다. 생략 현상이 여타 현상과 다른 확연한 차이점은 소리가 결핍되어 있는데도 불구하고 의미를 지닌다는 점이다. 이러한 생략현상의 특수성과 연결된 가장 중요한 질문은 통사-음운부, 통사-의미부, 그리고 정보구조가 어떤 식으로 상호작용을 하여 소리가 안 나는 부분의 의미를 밝힐 수 있게 해주는가이다. 지난 반세기 동안 축적된 연구를 통해 학자들은 통사론이나 의미론, 음운론, 또는 정보구조론 같은 개별 이론들만의 연구를 통해서 언어 현상을 설명한다는 것이 어렵다는 것을 깨닫게 되었다. 특히 생략 현상들의 경우에 이러한 여러 언어 이론들 간의 상호공조를 통한 연구가 이루어져야만 이론적 진일보가 가능하다. 이 책은 이러한 관점에서 가장 최근에 생략현상을 연구한 Winkler(2003)를 소개하고 그 이론의 특징과 문제점을 살펴본다. 그녀의 이론은 이중순환 정보구조가설과 동시연산분석에 토대를 두고 생략현상을 심층적으로 분석하며 통사부와 음운부를 통합하여 한꺼번에 다룬다는 특징을 지니고 있다. 이 책은 그러한 분석이 지니는 장단점과 전망을 살펴보는 것을 목표로 삼는다.

생략현상은 잘 알려져 있다시피 하나의 현상이 아니며, 다양한 종류의 상이한 현상들을 내포하고 있다. 가장 잘 알려지고 논의가 많이 이루어진 현상에는 동사구생략(VP deletion), 수문(sluicing), 공백화(gapping), 유사공백화(pseudogapping), 비교생략(comparative deletion), 우향가지인상(right node raising), 선행사내포생략(antecedent contained deletion) 현상 등이 있고 이 밖에도 탈피(stripping), N'-삭제, 조각문(fragments) 등도 모두 생략을 내포하거나 생략에 의해 생성된다고 일반적으로 알려진 구문들이다. 많은 학자들이 이러한 다양한 생략현상에 대해 창의적이고 흥미있는 분석을 제공해 왔고 그러한 학자들의 노력을 통해 점점 더 생략현상에 대한 이해가 증대하고 또한 언어에 대한 이해도 깊어지고 있다.

이러한 생략현상들이 모두 동일한 과정을 통해 생성되는 것이 아니라는 것이 최근 학자들의 연구에 의해 밝혀지고 있다. Winkler도 이러한 연구의 흐름을 받아들여 생략현상을 크게 문장의존형 생략(Sentence bound ellipsis)와 담화의존형 생략(Discourse bound ellipsis)의 두 종류로 나누고 이들이 어떤 과정을 통해 도출되며 어떻게 해석을 부여받는지를 설명하고자 하였다. 이 설명을 위한 이론적인 틀로서 Winkler가 제안하는 것이 바로 앞에서 언급된 이중순환 정보구조가설과 동시연산분석이다. 그녀의 분석이 흥미로운 점은 서로 다른 두 가지 유형의 생략현상을 분석함에 있어 정보초점과 대조적 초점과 같은 초점 개념을 도입하고 이를 억양 유형과 연계시켜 설명하려고 시도한다는 점이다. 초점과 억양은 사실 통사론적 개념과 음운론적 개념인데, 전혀 다른 두 개념을 새로운 분석틀을 이용해 하나로 묶으려는 획기적인 시도가 얼마나 성공적인지 검증하고자 한다. 그리고 이러한 시도가 생략현상 전반과 언어이해에 어떤 영향을 미칠 것인지 진단하는 것은 의미가 있다. 따라서 이 책은 이러한 인식을 토대로 Winkler의 제안을 비판적으로 소개하면서 그 장단점과 전망을 진단하는 것을 목표로 삼고 있다.

끝으로 이 책은 자연언어학회 강독모임의 연구결과를 바탕으로 이루어졌음을 밝혀둔다. 공동저자끼리 정기모임을 가지고 서로 질문하고 토론한 결과를 모아서 책으로 묶은 것이다.

아마도 지식의 한계와 정보부족으로 인하여 잘못된 부분도 있을 수 있으나 이 책에서 부족한 부분은 앞으로 추가적인 연구와 보완작업을 통해 바로잡을 기회가 있기를 바란다. 어려운 시기에 이 책의 출판을 맡아주신 동인출판사 이성모 사장님과 까다로운 작업에 수고를 아끼지 않은 편집부 직원들에게도 진심으로 감사드린다.

CONTENTS

서 언

Prologue

"무대에서 배우에게 집중조명을 하면 무대 위의 모든 다른 것들은 대조적으로 어둠에 가리게 된다"는 말로 시각체계를 언어체계와 비교한 Robert D. Ladd(1979: 111)의 "빛과 그림자(light and shadow)" 은유는 언어의 운율적(prosodic) 현상이 시각적인 인지의 개념과 비교될 때 좀 더 잘 이해될 수 있다는 것을 보여준다. 빛(전경)과 그림자(배경/바탕)를 통한 이미지 해석의 경우처럼 언어체계도 해석을 위해 전경과 배경을 사용하는데, 강세화와 비강세화(deaccentuation)에 덧붙여 초점이동, 대명사화 그리고 삭제가 이에 속한다.[1] 이러한 개념들은 Ladd의 "빛과 그림자" 은유처럼 문맥 안에서 정적인 것이 아니고 동적인 개념이다. 이러한 개념들은 문맥의존적이고 각 순간에 개별적인 기능을 한다.

---

[1] 빛을 받는 전경은 초점을 받는 신정보를 의미하고 어둠속에 숨는 배경은 생략될 수 있는 구정보를 의미한다. 이는 연극의 집중조명을 받는 주인공(초점)과 존재하지만 불빛 반사로 일시 보이지 않는 배경 또는 바탕(생략)으로 비유될 수 있다. 생략을 유도하는 신정보의 초점화는 강세화로, 구정보의 배경화는 비강세화된다. 신정보는 상세를 갖고 구정보는 강세 없는 저억양을 갖는다.

Ladd의 이미지 해석의 경우처럼 언어체계는 사라진 정보를 어느 정도까지 재구성할 수 있다. 가능한 기초 가설은 다음과 같다.

(1) 비강세구(deaccented phrase)는 생략될 수 있다.

그러나 모든 비강세구가 삭제되는 것은 아니다. 예문 (2)는 비강세구라도 생략되지 못한다는 것을 보여주며 (3)은 비구성소도 생략될 수 있다는 것을 보여준다.

(2) a. Now you hear ERNIE eating a COOKIE.
    b. *Now you SEE ~~Ernie eating a cookie.~~

(3) a. COOKIE Monster was eating a PEAnut-butter cookie,
       and ERNIE ~~was eating~~ a CHOcolate-chip cookie.
    b. COOKIE Monster was eating HIS peanut-butter cookie,
       and ERNIE ~~was eating his peanut butter~~ cookie, TOO.
    c. COOKIE Monster has eaten more COOKIES than ERNIE
       has ~~eaten~~ CHIPS.

(3a-c)의 삭제된 비강세 단어는 구가 아니므로 (1)의 가설에 문제가 된다. 또한 Ladd의 이미지 영상처럼 (3b)는 중의적 해석을 갖는다. *Earnie*가 자신의 과자를 먹는지 아니면 *Cookie Monster*의 과자를 먹는지가 분명하지 않다. 따라서 가설 (1)은 이러한 중의성을 설명할 수 없다. 따라서 비강세화는 삭제에 필요조건이지만 충분조건은 아니다.

시각적 인지의 개념을 운율적 기능과 관련시킨 Ladd의 "빛과 그림자" 논의는 언어의 생략(ellipsis)과 초점(focus) 현상의 연구를 다음과 같은 3가지 초기가설로 요약한다.

    (4) 초기가설(Initial Hypotheses)

        a. 운율적 체계는 초점화(focusing)와 배경화(backgrounding)라
           는 서로 다른 기제에 민감하다. 돌출성(prominence) 부여에
           의한 초점화와 음운론적 돌출의 축소(또는 완전탈락)에 의
           한 배경화는 상보적 과정이 아니다.
        b. 사라진 정보의 재구성은 가능하며 이는 규칙 지배적이다.
        c. 가설 a와 b는 체계적으로 관련된다.

생성문법의 생략과 초점이라는 연구에 앞서 우리는 다음과 같은 기본 질문을 던질 수 있다.

"우리는 왜 볼 수 있는 것 보다 많은 것을 인지하는가?" "우리는 왜 듣는 것 보다 많은 것을 이해하는가?" 이에 대한 답변은 최대한으로 경제적인 정신(mind)의 인지구조에 기초해야할 것이다. 이때 정신은 모든 접합면(interface)의 정보를 통합할 수 있는 정보처리(information processing)의 기본(default) 전략을 갖추어야 한다. 접합면들의 가장 경제적인 역할의 배분이 주요 답변이 될 것이다. 생략현상을 설명한다는 것은 접합면에서 침묵의 소리를 설명한다는 것을 의미한다. 이 책에서는 생략과 초점현상을 통사론, 의미론 그리고 정보구조의 복잡한 상호작용에 기초한 접합면 현상으로 설명한다.2)

---

2) 초점은 담화·화용적 의미가 운율적으로 실현되는 양상이라 볼 수 있는데 이 책에서는 통사적 초점이론에 중점을 둔다. 또한 생략도 "통사적 이동이 문장의 정보구조(Informational Structure)에 직접적인 영향을 준다"는 가설을 지지하는 증거를 통해 통사적 생략이론을 제안한다. 따라서 궁극적인 목표는 통사적 초점이론으로부터 생략이론을 도출하여 초점, 비강세화, 대용사화 그리고 삭제와 관련된 접촉면의 기능과 상호작용을 명백히 하는 것이다.

생략과 초점
Ellipsis and focus

1. 서론(Introduction)

이 연구의 주요 목적은 생략의 학제간(interdisciplinary) 설명을 발전시키는 것이다. 좀 더 구체적으로 아래 (1)과 같은 문장들에 나타나는 여러 생략 구문의 통사적 정보구조를 연구하는 것이다.

(1) a. Manny plays the piano and Anna ___ the flute. (Gapping)

    b. Manny plays the piano but Anna doesn't ____. (VPE)

    c. Manny plays the piano and Anna does the flute.
      (Pseudogapping)

    d. Manny plays the piano and Anna, ____ too. (Stripping)

    e. Someone's playing the piano but I don't know who ____.
      (Sluicing)

    f. Manny played a solo with one hand and Anna _ with two_.
      (Gapping + NPE)

희랍어의 *élleipsis*에서 나온 생략(ellipsis)이란 용어는 일반적으로 언어적 요소, 즉 구조와 소리의 생략을 지칭한다. (1)과 같은 생략구문들은 언어적 요소가 빠지거나 삭제되거나 또는 단지 발음이 되지 않는다. 그럼에도 불구하고 이러한 생략된 부분들이 이해가 된다. (1a)의 두 번째 접속어(conjunct)는 소위 생략잔여성분(Ellipsis Remnants)인 *Anna, the flute*와 함께 *...and Anna plays the flute*로 해석된다. 동사 *play*의 공백이 생기므로 이를 공백화(Gapping)라고 부른다. (1b)의 두 번째 접속어는 *...and Anna doesn't play the piano*로 해석되는데 여기서는 조동사 뒤의 동사구가 생략되므로 이는 VP-생략(VP-Ellipsis (VPE))의 경우이다. (1c)의 두 번째 접속어는 *...and Anna does the flute*로 해석되고 이는 유사공백화(Pseudogapping)의 경우이다. (1d)의 구문의 두 번째 접속어는 *...and Anna plays the piano, too*로 해석되며 이는 탈피(脫皮)구문(Stripping)의 경우가 된다. (1e)의 생략요소는 *...but I don't know who is playing the piano*인데 이는 수문(水門)구문(Sluicing)이다. 또한 (1f)의 예문은 *...and Anna played a solo with two hands*로 해석되는데 이는 공백화와 명사구 생략(Noun Phrase Ellipsis (NPE))이 결합된 현상이다.

이제 생성문법과 정보구조의 틀 안에서 이러한 생략구문의 통사적, 운율적 그리고 의미적 도출의 상호작용을 살펴보자. 특히 게르만적 미국식 전통의 정보구조이론에 뿌리를 둔 통사적 초점이론에 부합하는 인간언어의 연산체계(C_{HL})로부터 적절한 음운적, 의미적 표현을 도출하는 문제를 다룬다. 따라서 3가지 관점에서 생략구문의 해석에 관한 문제를 다룰 것이다. 첫째, 통사적 도출의 문제와 (대조초점(contrastive focus) 대 정보초점(information focus), 공백과 잔여성분사이의 정보관계와 같은) 표층의 통사적 해석의 문제에 중점을 둔다. 둘째, (엄격한 또는 느슨한(sloppy) 의미, 후행대용사제약(Backward Anaphora Constraint), 결속원리(Binding Principle), 다른 의미영역

(scope) 해석, 부정어를 갖는 의미영역 해석의 상호작용과 같은) 생략자체의 해석에 중점을 둔다. 마지막으로는 (비강세화와 삭제, 억양의 비중의성, 다른 초점 해석과 같은) 음운론과 담화-화용론과의 상호작용에 중점을 둔다.

이 연구를 통해 생략의 통사적 도출, 잔여성분의 초점화 그리고 생략요소의 음운적 축소와 해석의 상호작용들에 관심을 두고 주된 목적은 생략의 도출과 해석과정에서 일어나는 통사론, 표층의미해석, 초점, 그리고 비강세화의 상호관련성을 형식화하는데 둔다. (1)의 예문들 중, 특히 VP-생략(VPE)의 경우를 공백화와 탈피구문의 경우와 비교하여 살펴보겠다. 아래 3가지 질문으로 연구를 시작해보자.

    i.   VP-생략과 공백화 그리고 탈피구문의 도출에서 초점의 역할은 무엇인가?

   ii.   생략요소의 비강세화와 잔여성분의 초점화 사이에서 상호관련성을 규제하는 원리는 무엇인가?

  iii.   VP-생략과 공백화 그리고 탈피구문의 해석에서 음운적 비중의성은 어떤 역할을 하는가?

생략이론에 관한 최근의 영향력 있는 연구들과 초점의 의미적/화용론적 이론들은 생략된 요소들의 의미는 통사론과 무관하게 음운론과 의미론/화용론의 직접적인 일치에서 나타나는 순수한 해석적 과정이라고 주장하는 것 같다. 그러나 이 연구의 목적은 통사적 이동(displacement)이론처럼 핵심적인 연산과정과 작용들이 LF와 PF의 정보구조부문에서 생략구문을 도출하고 해석하는 과정에 중요한 역할을 한다는 것을 보여주고자 하는 것이다. 특히 생략은 "이동이 문장의 정보구조(Informational Structure (IS))에 직접적인 영향력을 끼친다"는 가설을 지지하는 증거를 제시할 것이다.

정보구조(IS)란 용어는 Halliday(1967b: 200)에서 나온 것으로 "정보의 분포란 다른 단계의 구별되는 구성소 구조를 말한다. 그렇다면 '정보구조'는 문장, 절과 같은 용어로 표시되는 구성소 구조로 사상된다."[3] 이 연구에서는 문장의 통사구조, 도출과정 그리고 정보구조해석의 상호관계에 초점을 두기 때문에 정보구조는 구성소 구조뿐만 아니라 화제(topic), 초점 이동 그리고 구/신(given/new)정보의 분포에서 결과 되는 각각의 구조도 지칭한다. 통사론이 정보구조에 영향을 주는 접합면을 지칭할 때 이 연구는 Chomsky(2000, 2001)가 사용한 표층의미해석(Surface Semantic Interpretation (SSI))이란 용어를 사용할 것이며 구체적으로 표층의미해석(SSI)이란 통사적 이동의 해석에 관여하는 LF의 하위부문을 말한다.

통사론, 정보구조, 억양적 음운론(intonational phonology) 그리고 담화-화용론은 생략 문장을 도출하는데 서로 관여한다. 또한 해석/음운 부문과 나란히 작용하는 통사적 이동이론에서 대조초점과 화제이동의 통사이론이 좀 더 형식적으로 재조명되는 문법을 보여줄 것이다. 한마디로, 접합면에서의 생략을 설명하고자 한다.

대부분의 생성문법의 학자들은 생략과 정보구조는 접합면 현상이라는 것에는 일치한다. 그러나 문제는 부문간 역할의 실질적 분배에 논란의 여지가 있을 수 있는데 이를 좀 더 구체화 하면 다음과 같다. (i) VP가 발음이 안 되면 정확히 어떤 일이 일어나는가? 삭제가 통사론에서 또는 음운론에서 일어

---

3) 언어에는 문장의 의미 내용(진리조건적 의미)을 바꾸지 않으면서 청자에게 효과적으로 정보를 전달하기 위한 문법적 수단이 존재한다. 그리고 이 수단들은 효과적인 정보전달을 위해, 화자가 자신이 판단하기에 청자가 알고 있다고 생각되는 지식(바탕)에 그것과 관련된 정보(초점)를 덧붙이는 식으로 정보를 전달하고 있음을 표시해 준다는 것이다. 즉, 언어에는 통사구조, 의미구조 외에 정보구조가 있다는 것이다.

나는가? (ii) LF의 역할은 정확히 무엇인가? 이는 통사론하고만 또는 음운론하고만 접촉하는가? (iii) PF의 역할은 정확히 무엇인가? 이는 통사적 부문의 확장인가? 이는 초점이 있는/없는 요소들을 어떻게 구별하며 억양을 어떻게 도출해내는가? 통사론, 표층의미해석(SSI), LF, 그리고 LF의 역할 분담이 이 연구의 주된 초점이 될 것이다.

특히 초점이동이론(Movement Theory of Focus)으로 알려진 후 이동이론으로 다듬어진 최소이론(Minimalist Program)은 통사적 암호로부터 직접 표층의미해석(SSI)과 문장의존형 생략(Sentence-Bound Ellipsis (SBE))의 운율을 도출해 내도록 한다. 담화의존형 생략(Discourse-Bound Ellipsis (DBE))을 위해서는 대용사(anaphora)와 관련된 추가의 접촉면 일치규칙이 적절한 해석을 도출해 내는데 필요하다. 따라서 궁극적인 목표는 통사적 초점이론으로부터 생략이론을 도출하여 초점, 비강세화, 대용사화 그리고 삭제와 관련된 접촉면의 기능과 상호작용을 명백히 하는 것이다.

여기서 생략과 관련된 통합이론으로 생략의 혼성초점분석(Hybrid Focus Account of Ellipsis)을 제안하고자 한다. 이는 Williams(1977)의 제안인 문장문법과 담화문법의 차이처럼 문장의존형 생략(SBE)과 담화의존형 생략(DBE)을 구별한다. 그러나 연구방법은 두 경우 동일하다. 한편으로는 정보구조(IS)와 표층의미해석(SSI)으로, 또 다른 한편으로는 의미적 해석과 억양으로의 통사적 도출의 기여를 알아보자.

생략의 통사적 도출 분석을 시작하기 전에 이 책에서 논의될 핵심 경우인 문법적 모델과 억양의 실체를 다루고 또한 통사구조를 SSI로 사상하는 결과로 나타나는 현상을 설명할 수 있는 가설을 소개하겠다.

2. 도출 모델(The derivational model)

본 연구의 생략분석을 위해 사용할 통사적 틀로는 원리와 매개변항 (Principles and Parameters (Chomsky 1981))에 근간을 둔 최소주의(Chomsky 2000, 2001, 2004, 2005)이다. 이 장에서는 이 이론의 두 주요한 분야를 다룰 것이다. 첫째는 T-모델(T-Model (Chomsky and Lasnik 1977))이라고 알려진 표시모델(representational model)로부터 D-모델(Derivational Model (Chomsky 2000, 2001, 2004, 2005))로 변화한 문법모델의 개념을 살펴본다. 이후 연구 핵심은 어떻게 생략이 D-모델로 설명될 수 있는가 하는 것이 될 것이다. 둘째는 관련된 접합면의 본질을 살펴본다. 이 장에서는 핵심적 연산작용과 표층의미구조에서의 초점해석의 상호작용을 다룰 것이며 음운론과의 상호작용은 2장에서 다루겠다.

이제 D-모델에 대해 살펴보자. Chomsky(1965, 1981, 1995)에서 시작된 전통적인 견해에서 문법의 통사적 부문은 소리와 의미의 결합을 설명한다. 즉 통사구조는 두 다른 계층인 음운형태(Phonological Form (PF))와 논리형태 (Logical Form (LF))에서 해석되며 이들은 각각 조음인지(articulartory-perceptional)체계 그리고 개념의도(conceptual-intensional)체계와 상호작용한다. 이러한 개념에서 가장 중요한 문제 중의 하나는 어떻게 화자가 생략문장을 만들고 또한 청자는 형태가 없는 상황에서 해석이 가능한가이다. 이 연구의 핵심적 가설은 문장의 억양이 이 질문의 답과 관련이 있다는 것이다. (2)-(7)의 예문들은 정형적인 억양 중 고저(pitch)만 뽑은 것이다. 억양은 고(High)와 저(Low)라는 두 개의 음조(phonemic tone)로 구성되는데 (2)처럼 공백을 갖고 있는 문장의 운율은 어휘항목과 관련된 몇 개의 가능한 일련의 고조 강세(pitch accent)(e.g. H^*, L^*, $L+H^*$, L^*+H, $H+L^*$, H^*+L)로 구성된다.

(2) 공백(Gapping)

She wrote long [..] letters, which she sent to her sister and she to my mother. (quoted from Prince 1988)

억양의 윤곽은 3가지 매개변항에 관계한다. 즉, 음조(tone)와 기준선과의 관련, 고저 범위(pitch range)가 나타내는 돌출성의 정도, 그리고 앞선 음조와 현재음조의 관계가 이에 속한다.[4] 개별적인 음조의 연결이 문장의 멜로디를 형성한다. (2)의 삽입공백문의 억양은 표1의 도표와 같다.

<표1>

... which she sent to her sister and she   to my mother.

$$H^*+LH' \qquad H^*+LL\%$$

참고: H: 고   L: 저 X^*: 강한 강세   X' : 구(phrase)강세

X%: 경계음조(boundary tone) $!X^*$: 약화된 강세

생략절에서 주어 NP인 *she*와 PP인 *to my mother*는 남아있고 동사 핵만 생략되는데 이러한 공백잔여성분은 *she*에서 전형적인 하강-상승(H^*+LH') 그리고 *mother*에서는 하강($H^*+LL\%$)의 억양을 보인다.

(2)와 같은 공백구문에서는 대조적 해석을 갖는 병렬적 초점들이 격리되는 반면 탈피구문에서는 대조적 초점을 갖는 요소들의 전체배경이 생략되어 초점구의 골격을 가시적으로 만든다. 문장부사(*maybe*)가 선택적으로 나타나는

---

4) 강세(accent)에는 다음과 같이 3 종류가 존재한다.

강세 ┬ (i) 강약강세(stress accent)
     └ (ii) 높낮이 강세(억양) ┬ (a) 음조 강세(tone accent): 음절내부의 높낮이
                                        e.g 중국어 4성
                            └ (b) 고조 강세(pitch accent): 단어와 단어사이 고저

것은 제외하면 초점을 갖는 요소와 ((3a)의 부정어 또는 (3b)의 문장관련첨사 *too*와 같은) 문장극어의 반영만이 남는다. (3a)와 (3b)의 음고저 윤곽은 표 2a 와 표 2b와 같다.

(3) 탈피구문(Stripping)
   a. He gave the FLOWERS to Linda, but (maybe) *not* the LOVE-letter.
   b. He gave the FLOWERS to Linda, and (probably) a LOVE-letter, too.

<표 2a>

... gave the FLOWERS to Linda,   but not   the LOVE-letter.

H^* $!H^*$ LH% H^*+L H^* LL%

참고: H: 고   L: 저 X^*: 강한 강세 X':구(phrase)강세
   X%: 경계음조(boundary tone) $!X^*$: 약화된 강세

표 2a의 고저강세 형태는 *flowers*에서 H^* 강한 강세를 보이고 *Linda*에서 (Beckman과 Ayers 1997의 표기를 따르면) 약화된 $!H^*$ 고저 강세를 보인다. 첫 번째 억양구의 끝에서 지속을 나타내는 약한 상승이 나타나고 두 번째 억양구에서는 부정어 *not*과 *love letter* 둘 다에 H^* 강한 강세가 붙는다. 억양의 윤곽은 "그가 줄 수 있는 모든 것 가운데 *love letter*가 아닌 *flowers*를 준다"는 문장의 해석과 상응한다.

<표 2b>

.... gave the FLOWERS to Linda, and a LOVE-letter, too.

H^* L'H% H^*+L H^* LL%

참고: H: 고   L: 저   X*: 강한 강세   X':구(phrase)강세
　　X%: 경계음조(boundary tone)   !X*: 약화된 강세

표 2b의 윤곽은 선행절의 *flowers*에 H* 강한 강세를 보이고 전치사구인 *to Linda*는 H*가 아닌 L' 구 강세(phrase accent)와 H% 경계음조(boundary tone)로 나타난다. 표 2a에서 첫 번째 접속어의 윤곽은 공백윤곽과 비슷하나, 표 2b는 첫 번째 접속어에서 *a love letter*와 대조되는 *the flowers*에만 초점이 있음을 보인다. 문장긍정극어 *too*도 H* 강한 강세를 갖는다.

예문 (4)는 생략의 두 가지 유형을 포함한다.

(4) VP-와 NP-생략(VP-/NP-Ellipsis)
[Why does Betty think I was trying to kill myself?]
On the principle that one swallow doesn't make a summer, but *two probably do*, dear girl. (Walters (1996) *The Dark Room*. London: Pan Books. p.42)

예문 (4)는 두 번째 접속어에서 VP-생략과 NP-생략 둘 나를 포함한니(*but two ~~swallows~~ probably do ~~make a summer~~*). 표 3에서처럼 남아있는 기능 핵인 NP-생략의 수사 핵 *two*와 VP-생략의 Infl *do* 둘 다 하강(L)이 뒤따르는 상당히 조율된 강한 강세(H*)를 갖는다.

<표 3>
　　... one swallow doesn't make a summer, but two probably do
　　　　　　　　　　　　　　　　　　　H*+L　　　　H* LL%
참고: H: 고   L: 저   X*: 강한 강세   X':구(phrase)강세
　　X%: 경계음조(boundary tone)   !X*: 약화된 강세

표 3의 VP-생략과 NP-생략구문은 H* 강한 강세가 구 잔여성분이 아닌 생략위치 바로 앞의 기능어 요소를 목표로 한다는 점에서 공백구문이나 탈피구문과는 다르다. 강세형태를 유발하는 요인이 무엇인지는 1.3.3절에서 논의될 것이며 또한 VP-생략/NP-생략구문 그리고 공백구문과 탈피구문을 위한 각각 다른 초점의 기제가 제안될 것이다. 특히, 강세형태는 영어와 같은 언어에서 초점자질 배당과 직접 관련이 있다는 가정은 국면핵돌출원리(Phasal Head Prominence Principle)로 대치되는데 이는 예문 (4)처럼 생략성분이 잉여적이거나 대용어적이기 때문에 수(number)나 굴절(inflection)과 같은 구의 핵이 돌출적인 문장들을 설명한다.

(5)와 같은 유사공백구문은 혼합형태를 형성하는 것 같다. (5a)에서 강세는 기능핵인 *didn't*와 잔여성분인 *The Great American Novel*에 나타난다. (5b)에서는 하강하는 강세(H*+L)가 양태조동사 *would*에 나타나고 두 개의 강세가 *on a straight policy for the same amount*에 나타난다.

(5) 유사공백구문(Pseudogapping)

    a. Manny read The Facts, but he DIDN'T ~~read~~ The Great American Novel.

    b. Third and most important, Amex would charge me a far higher premium than other reputable companies WOULD on a STRAIGHT POLICY for the same AMOUNT. (Penn Treebank #9)

(6)의 수문구문들은 *wh*-요소 뒤에 오는 IP-구성소의 삭제로 구체화된다. (6a)에서 IP *he read t* 가 삭제된다. (6b)에서 *where*뒤에 오는 IP *it exists*는 삭제된다. (6b)의 음고조 윤곽은 표 4와 같다.

(6) 수문구문(Sluicing)

    a. Manny read The Facts, but I don't know what else$_i$ [IP ~~he read t$_i$~~].

    b. There is a lot of talk about freedom. It's like the Holy Grail, we grow up hearing about it, it exists, we're sure of that, and *every person has his own idea of WHERE*. (Winterson 1987 The Passion, Penguin Books, p.154)

<표 4>

  ... every person has his own idea of WHERE

                !H* !H* L' L%

참고: H: 고   L: 저   X*: 강한 강세   X': 구(phrase)강세

      X%: 경계음조(boundary tone)   !X*: 약화된 강세

(6b)에서, 수문구문은 원래 Fukui와 Speas(1986)가 제안하고 후에 최소주의에서는 지정어-핵 일치(Specifier-Head Agreement)로 설명된 [+wh]자질을 갖는 C^{0}의 존재에 의해 인허된다. 남아있는 외현적인 *wh*-요소인 *where*는 약화된 !H* 강세를 보이며 바로 뒤에는 L' 구 강세와 L% 경계음조가 나타난다.

Merchant(2001:77)가 관찰했듯이 (7)의 문장에서는 억양이 중의성을 해소할 수 있는데, 첫 번째 접속어의 억양에 따라 *who else*는 (7a)와 (7b)에서 주어 또는 목적어로 해석된다.

(7) Manny called Ben an idiot, but I don't know who else.

    a. MANNY called Ben an **IDIOT**, but I don't know who ELSE ~~called Ben an idiot~~.

    b. Manny called **BEN** an idiot, but I don't know who ELSE ~~Manny called an idiot~~.

위의 생략구문들에서는 두 번째 접속어의 일부분이 생략되지만 여전히 LF에서 해석가능하다. 이런 점에서 생략의 발생은 (8)과 같은 T-모델을 기초한 최소주의 관점의 문법설계를 이해하는데 대한 도전인데 이는 완전해석원리(Principle of Full Interpretation (PFI))가 모든 PF/LF 요소들이 PF/LF 접합면에서 해석될 것을 요구하기 때문이다 (Chomsky 1995).

(8) 최소주의 T-모델 (T-Model of the MP (Chomsky 1993, 1995))

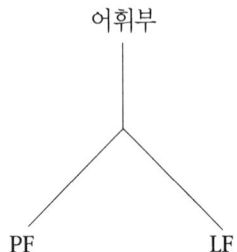

단어와 구가 발음되지 않고도 어떻게 이해되는가에 대한 답변은 생략요소들이 어딘가에 표시된다는 가정을 전제로 하며 생략에 관한 핵심적인 3가지 질문은 다음과 같다.

(9) 생략에 관한 핵심적 질문
  i. 생략은 내부구조를 갖는가?
  ii. 생략구조는 어떻게 해석되는가?
  iii. 생략은 삭제(deletion)작용의 결과인가 아니면 기저생성된 공범주인가?

(9i)과 (9ii)에 대한 답변이 (9iii)에 대한 답변, 즉 생략이 변형작용에 의해

도출되는 것인지 아니면 기저생성되는 공범주인지에 대한 답변을 결정한다.

초기 최소주의 T-모델에서 주요한 3가지 이론을 정리하면 음운적 삭제이론(Phonological Deletion Theory), 통사적 이동이론(Syntactic Displacement Theory), 그리고 의미적 이론(Semantic Theory)이다. 음운적 삭제이론은 생략요소들이 통사적으로는 완전히 표시되지만 문장의 도출과정의 어느 시점에서 삭제된다는 것이고, 통사적 이동이론은 적절한 연산체계를 연구하고 생략이 이동으로 축소될 수 있는지 아니면 독립적으로 존재하는 통사적 과정인지에 대한 답변을 목표로 한다. 목표는 통사적 도출이 어느 단계에서 접촉면으로 전달되는 지를 찾아내는 것이다. 의미적 이론은 담화로부터 의미를 찾는 의미적 기제가 생략구문의 분석에 작용할 수 있다는 것을 가정한다. 이러한 T-모델의 3가지 이론들이 직면한 문제는 해석이 일어나는 위치와 실질적인 삭제가 일어나는 위치가 동일하지 않다는 것이다. 그런데 이러한 문제는 통사론이 다른 상호작용은 허용하지 않고 오직 LF와 PF하고만 상호작용하는 본질적으로 표시모델인 (8)과 같은 T-모델에서 기인된다.

그렇다면 문제해결을 위해 (8)의 표시모델을 버리고 Chomsky(2000, 2001, 2004, 2005)의 (10)과 같은 도출적 문법모델을 제안한다. (10)은 두 가지 새로운 개념을 갖는다. 첫째, 통사적, 의미적 그리고 음운적 부문이 문장구조를 순환적으로 그리고 동시에(parallel) 도출하는데 이를 최근 용어로는 국면(phases)에서 도출된다고 말한다. 둘째, 정보구조(IS)가 통사론과 의미론을 중재하는 LF의 하위부문으로 나타난다. 여기서 문법에서 화용론의 역할은 여전히 논란의 대상이다.

(10) 문법의 D-모델

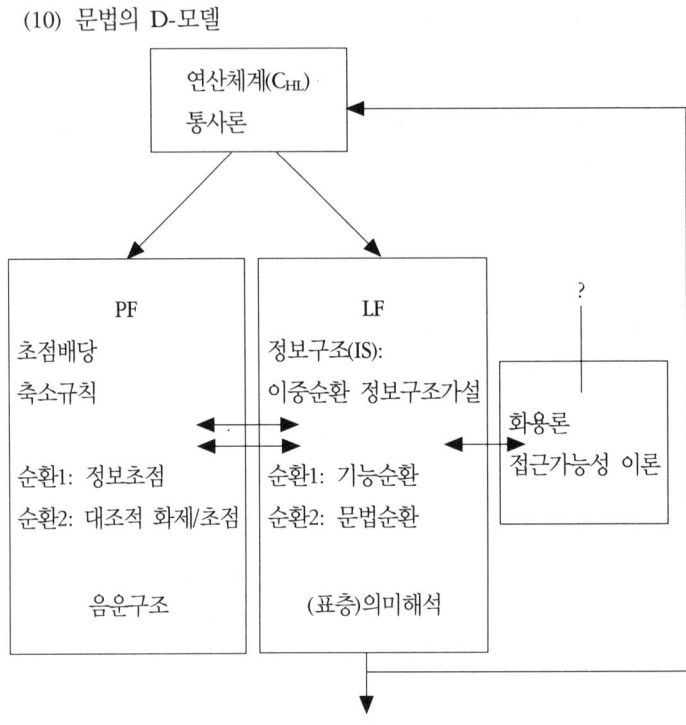

이제 (10)의 D-모델과 (8)의 T-모델의 핵심적인 차이점을 살펴보자. 가장 중요한 점은 D-모델의 문법적 도출은 각각의 부문들(C_{HL}, PF, LF)이 동시에 형성된다는 것이다. 동시연산의 실행은 C_{HL}이 좀 더 큰 덩어리를 형성한다는 것이다. (10)의 도출은 병합(merge)과 일치(agree)로 시작된다. 이렇게 만들어진 구조는 해석이 결정되는 LF로 보내진다. 비해석적(uninterpretable) 자질들은 유표적으로 나타나고 이는 통사론과 LF사이의 의사소통에서 제거된다. (10)의 모델은 도출과정에서 각 부문이 다른 부문과 상호작용함을 보여준다. 생략구문의 경우, 통사적 도출이 우선적으로 일어나고 이는 의미-화용부문에 의존적인 해석으로 보내진 후에 다시 PF로 보내진다. 표층의미구조(SSI)에서의 정보구조(IS)의 역할과 생략이 일어나는 정확한 위치는 2장에서 자세히 다룰 것이다.

더욱이 D-모델에서 통사론과 의미론의 동시 도출은 생략이론의 가장 핵심적인 문제를 해결한다. 생략에 대한 모든 선행연구의 문제는 언어적 요소의 실질적 생략의 위치와 생략 요소의 해석의 위치가 서로 일치하지 않는다는 것이었다. 이러한 문제가 D-모델에서는 해결된다. 후에, 동시연산분석(Parallel Computation Approach: PCA)이라고 알려진 설명이 해석과 삭제가 순환적으로 일어나는 체계에서 생략의 다른 유형들을 도출한다. (2장 참고).

좀 더 정확히 말하면, 특정한 문장의 문법적 도출은 국면이라고 불리는 접합면으로 보내질 작은 단위로 나뉜다. Chomsky(2000,2001)는 국면을 "명제에 가장 상응하는 통사적 상응물"로 정의하고 vP 또는 CP를 국면이라고 했다.5) 국면은 GB이론의 완전한 기능복합체(Complete Functional Complex)라고 하는 것의 현대적 구현이다. (독립적으로 조작되고 음운적 구성소와 의미 단위를 형성할 수 있어) 접합면에서 독립적으로 기능하는 단위로서의 국면의 개념은 초점이론에서 아주 중요하다 주어진 국면에서 접합면들이 해석을 결정한다. Chomsky(2000)는 비해석적 자질(즉, 형식자질)과 관련 LF와 C_{HL}사이에 직접적인 상호작용이 존재한다고 제안한다. 목표구조가 복합문일 경우, 좀 더 큰 국면이 이미 형성된 국면 위에 형성되고 따라서 이전 국면은 폐쇄된다 (국면침투불가조건(Phase Impenetrability Condition)). 최근의 연구는 통사론-LF 국면에 집중되나, 마찬가지로 PF와 상호 작용하는 체계의 연구도 있어야 할 것이다. 2.4장에서 PF도 순환적으로 즉, 국면에서 도출된다고 주장될 것이다. 이를 위한 가정은 PF는 (비해석적 자질이 PF에 남아있는) 국면의 통사적 도출과 의미적 해석 둘 다에 접근이 가능한데 이것이 LF와 PF가

---

5) "the closest syntactic counterpart to a proposition"

동시에 구조를 도출할 수 있는 D-모델을 위한 증거가 된다.

여기서 논의되는 생략이론은 잔여성분의 이동이론에 부분적으로 기초한다.[6] C_{HL}안의 이동은 비해석적 자질에 의해 촉발되며 단지 "분명한 불완전성 (apparent imperfection)"을 만든다(Chomsky 2001:3). 실제로, 표층의미구조 (SSI)는 이동이 없을 때의 도출과는 다르다는 것이 LF-접합면의 지시사항이다. 이동의 기능은 언어습득과정 초기에 작용한다고 가정할 수 있는 정보구조의 차이를 알려주는 최고기술자의 교묘한 이동이라고 할 수 있다.[7] 그러나 (Zubizarreta(1998)의 P-이동, 핵이동, 일부 삭제규칙과 같은) 음운부문의 이동은 "표층의미효과는 협의의 통사론에 국한된다(Chomsky 2001:15)"는 가설처럼 비교적 적은 의미효과를 갖는다.

D-모델은 일치/자질-점검 작용에 관여하는 다중 문자화(Multiple Spell-Out)를 표현한다. 이에 대한 기본개념은 하나의 순환주기만이 존재하고 비외현적 이동은 없다는 것이다. PF 부문의 기본구조 또한 하나의 순환주기만이 있다는 가정에서 나온다. 즉 외현적 이동과 비외현적 운용의 차이점은 없다. 대신 순환적 문자화가 존재하며 PF의 모든 운용은 순환적이다. 문장의 억양은 다양한 음운적 규칙의 상호작용에서 도출된다. 국면에 따라 순환적으로 작용하는 음운규칙의 핵심적인 내용은 2.4에서 다룰 것이다.

이 책에서 다룰 주된 질문중의 하나는 (1-7)에 나타난 다른 유형의 생략을 연구하는 것인데, 좀 더 자세하게는, 도출, 억양, 문장의존형 생략과 담화

---

6) 일반적으로 movement, dislocation, displacement 모두 동일하게 "이동"의 개념으로 사용된다.
7) 이동처럼 분명한 불완전성의 문제를 해결하기 위해 최소주의에서의 언어능력의 완벽성과 관련한 언어 정의는 협의의 언어능력에만 국한된다. 또한 이동과 같은 불완전성은 언어설계가 이차적인 의사소통체계인 외부체계에 요구하는 외재화의 문제라고 주장한다.

의존형 생략의 해석과 담화기능에서 체계적인 차이가 있다는 가설이다. 생략의 경우에 구별되는 A'-위치로의 외현적인 잔여성분인 구의 이동은 대조화제/초점으로 나타난다. 그러나 만약 생략이 잔여성분의 통사적 이동을 갖지 않는 경우, 해석은 완전히 정보구조 이론의 기능적 측면과 담화화용론 부문에 위치하는 접근가능성 이론(accessibility theory)에 의존한다. 그렇다면 두 가지 다른 유형의 생략구문은 다른 통사적, (표층)의미적, 음운적 그리고 화용적 도출을 포함한다는 주장이 된다.

3. 통사-의미 접합면(Syntax-semantics interface)

통사적, 의미적 그리고 화용적 근거를 갖는 다른 유형의 생략을 제안하는 것은 새로운 것이 아니나 주된 특질이 LF/PF와 상호작용하는 C_{HL}과 정보구조와 초점에 대한 일반가정에서 나온다는 제안은 새로운 것이다.

3.1 표층의미해석의 순환적 도출(The cyclic derivation of SSI)

(10)의 D-모델의 주된 개념은 통사, 정보구조, 음운적 그리고 화용저 부문들이 동시에 문장을 도출한다는 것이다. 부문들은 도출의 조합성(modularity)과 국면의 해석을 따르지만 국면에 전달하고 이를 조정하는 식으로 접합면에서 서로 상호작용한다. 주된 질문은 (신/구, 화제/초점, 대용화(anaphoricity), 대조성(contrastivity), 특정성(specificity), 등을 포함하는) 정보구조(IS)가 통사론과 상호작용하는가 하는 것이며 이것이 일반적으로 표층의미구조와 생략의 해석에 어떻게 기여하느냐 하는 것이다.

두 다른 일반적 접근방법이 있는데 이는 형식문법과 담화문법 설명이다. 형식문법은 정보구조개념이 언어의 형식적 체계에 통합되는 것이고 담화문법은 정보구조개념이 분맥적 요소가 지배하는 화용적 부문에 표현되는 것이다. 형식문법 설명은 (8)과 같은 문법구조 골격에서 LF(통사-의미 접합면)는 작용역 관계표시와 정보구조 및 담화해석에 관여한다. 반대위치는 LF와 상호 작용하거나 독립된 부문을 형성하는 담화기능의 설명을 담당한다.

생략구문이 문장의존형 또는 담화의존형의 두 가지 다른 통사부류라는 이 책의 주장은 각 현상에 대해 다른 설명을 가정하도록 하는 것처럼 보여 문제일 것 같으나 이는 생략의 접합면 논의에 꼭 필요한 질문에 답을 제공한다. 즉 얼마나 많은 정보구조와 무엇이 문법의 연산체계에 형식적으로 관여하는지, 무엇이 또 얼마나 담화화용론 영역에 속하는지에 대한 답을 제공한다. 이러한 질문의 답은 (VP-생략과 같은 담화의존형 생략구문(DBE)과 공백구문과 탈피구문과 같은 문장의존형 생략구문(SBE)의) 생략현상이 정확히 어떻게 도출되고 해석되며 억양을 갖는지를 설명하기 위해 문법모델을 다듬을 필요가 있다.

D-모델에서 통사론과 해석의 관계를 연결하는 것에 주목하면 통사적 형태와 표층의미해석(SSI)사이에 직접적인 관계가 있다는 것이 주된 가설이다. C_{HL}이 이동을 포함하는 구조와 포함하지 않는 구조 둘 다를 도출하기 때문에 이 가설은 동일한 정보구조부문이 존재하는 것이 아니라 적어도 두 개의 순환, 즉 기능순환(functional cycle)과 문법순환(grammatical cycle)이 존재한다는 것을 함축한다. 문법순환은 통사-의미 접합면에서 작용하는 규칙을 포함하고 기능순환은 화용적 접합면에서 작용하는 규칙을 포함한다. 기능순환은 담화구조, 대용화, (비)한정성((in)definiteness), 지시(reference)와 사건(event)관리에 관한 규칙을 포함한다. 문법순환과 기능순환 둘 다 표층의미해석에 기여한다. 문법순환은 통사론과 직접적으로 (국면이 앞뒤로 전달되는 식으로) 접합하며, 기능순환은 통사론을 입력으로 취한 후 담화 화용론과 접합한다. 이러한 접합면의 개념은 이전에 생각해 왔던 것 보다 더 역동적이며 국면의 개념과 강

하게 연결된다.[8]

3.2 이중순환 정보구조 가설
(The double-cycle information structure hypothesis)

지금까지의 주장은 정보구조가 두 개의 분리된 기능순환과 문법순환을 갖는다는 것이다. 첫 번째 순환1은 LF로 보내지고 화용론과 상응하는 기능정보구조를 점검하는 정보초점(Information Focus(IF))을 자동적으로 도출하는 기본순환(default cycle)이다. 가장 작은 국면이 정보초점(IF) 영역을 구성한다. 더욱이 순환1은 형식자질의 존재여부에 따라 두 번째 순환주기로 보내질 국면이 필요한지를 결정한다. 두 번째 순환2는 국면에서 구성소의 문법적 지위를 점검하고 통사적 이동과 어순변이를 가져올 비해석적 자질을 구별한다. 영어의 일반적 규칙으로 순환2는 문장 맨 앞의 이동된 요소를 SSI에서 대조초점(Contrastive Focus) 또는 대조화제(Contrastive Topic)로 해석한다. 순환1은 전형적으로 무표적(unmarked) 문장구조를 도출하는 반면 두 번째 순환은 유표적(marked) 문장구조를 도출한다 (국면이 C_{IL}로 되돌아가는 두 번째 순환수기로 보내지지 않고 첫 번째 순환주기를 통과하는가의) 도출의 역사가 SSI에 직접적인 결과를 갖는다.

두 개의 다른 순환주기가 정보구조의 도출에 작용한다는 가정은 이중순환 정보구조가설(Double-Cycle Information Structure Hypothesis (DC-ISH))이

---

8) 이해를 돕기위해 담화의존형 생략과 문장의존형 생략을 간단히 비교 요약하면 다음과 같다.
　　・담화의존형생략 - 기능순환(담화화용론)/순환주기1/정보초점/무표적/담화화용론/일방향/e.g. VPE
　　・문장의존형생략 - 문법순환(통사-의미)/순환주기2/대조적초점/화제/유표적/통사론/양방향/e.g. Gapping, Striping

다. DC-ISH는 기본 순환인 기능순환과 문법순환이 순환적으로 SSI를 구성한다는 것을 보인다. 제자리(In Situ) 가설이라고 불리는 정보초점가설은 (11a)와 같다. 통사적 이동과 표층의미해석의 직접적인 관계는 이동가설(Displacement Hypothesis)로 (11b)처럼 설명된다.

(11) 이중순환 정보구조 가설(DC-ISH)
  a. 제자리 가설(*In Situ* Hypothesis (cycle 1)):
     순환1은 LF/SSI로 자동적으로 보내지는 가장 작은 국면에 자동적으로 작용하며 정보초점을 제자리(in situ)에 놓는다.
  b. 이동가설(Displacement Hypothesis (cycle 2)):
     순환2는 이동된 요소를 위한 국면을 점검한다. 협의의 통사론에서 국면의 가장자리(spec vP, spec CP)인 A'-위치로 이동된 요소는 LF/SSI에서 표층의미 해석에 직접적인 효과를 갖는다.

정보구조 부문은 해석을 위해 SSI로 자료를 전달하기 전에 초점유형을 구별한다. 순환1에 의해 구별된 정보초점은 SSI에서 새로운 정보초점(IF)으로 기본해석을 받는다. 순환2에서 구별되는 이동요소는 대조초점(CF) 또는 대조화제(CT)로 해석된다. 정보초점과 이동한 요소들은 PF에서 고저 강세를 부여받는다.

일반적으로 초점이나 생략과 관련한 세 가지 질문이 있다. 첫째, 초점의 기본가정은 무엇이며 초점의 개념은 어떻게 정의되는가? 둘째, 대용화(anaphoricity)와 구정보(givenness)는 초점이론에서 어떤 역할을 하는가? 셋째, 접합면(통사-PF, 의미-PF)에서 초점의 작용을 어떻게 이해해야하며 어떤 초점가설이 생략과 관련되는가? 이 장에서는 이에 대한 기초적인 답변이 주어질 것이다.

3.3. 정보초점과 대조초점: 도출적 접근
(Information focus and contrastive focus: A derivational approach)

여기서는 적어도 두 가지 유형의 초점, 즉, 정보초점과 대조초점이 구별될 것을 가정하는 초점이론을 제안한다. 구별되는 방식은 초점이 어떤 식으로 들리는가에 달려있는데 문장의 새로운 정보를 표시하는 정보초점은 (12a)처럼 표시될 수 있는 제자리 인허를 포함하며 대조초점은 (12b)처럼 A'-위치에 나타나는 초점 구의 LF-이동을 포함한다고 가정한다.

(12) a. 정보초점:
          제자리 인허 [x_i [...Focus$_i$.....]]
      b. 대조초점
          LF에서 운용자-변항 연쇄형성 [Focus$_i$ [....t$_i$....]]

최근의 접합면 연구들은 이러한 두 가지 유형의 초점은 영어와 독일어의 경우 다른 인허조건을 갖는 것은 아니지만 이들은 통사-음운 접합면에서 문장의 순환적 도출에서는 서로 다른 역할을 한다고 주장한다(Chomsky 2000). 대조초점/화제와 정보초점과 관련한 주된 주장은 전자만이 형식자질(가장자리 자질(E(dge)-feature) [F] 또는 [T])을 갖고, 반면 후자는 가장 작은 국면에서 기본(default) 값으로 정의되며 이는 C$_{HL}$안에서 도출되어 통사-의미 접합면으로 전달된다. 대조초점/화제의 경우, 국면의 단어 범주상의 E-자질은 표층의미해석에 직접적인 효과를 갖는다. 즉 표층의미해석에서 대조초점 또는 화제 해석은 통사-의미 접합면에서 E-자질을 생략하는 과정과 연관된다. E-자질은 형식자질이며 이는 E-자질을 포함하고 있는 구성소의 일치

(agreement) 또는 이동에 의해 삭제된다. 이러한 주장은 국면이 존재한다는 것을 가정을 뒷받침한다.

(13) a. 대조초점/화제

   [α   XP$_{[F]/[T]}$]$_{E\text{-feature}}$

   [F]/[T]-자질은 일치 또는 이동을 통해 삭제되어야 한다.

   b. 정보초점

   [α]는 정보초점의 영역이며 여기서 α는 가장 작은 국면으로 정의된다.

3.3.1 정보초점(Information focus)

정보초점의 개념은 작용영역, 해석과 음운적 실현이라는 3 가지 매개변수로 정의된다. 정보초점 영역은 C$_{HL}$에 의해 도출되어 LF로 보내지는 가장 작은 국면이며 이때 가장 작은 국면은 vP이다. 정보초점은 화용적으로 신정보(new information)라 불린다 (Halliday's 1967b 정의). 여기서 신정보의 개념은 담화요소와 상호작용하여 DC-ISH의 기능적 순환(순환주기 1)에 의해 실행된다. PF의 억양에 관련해서, 정보초점은 영어나 독일어와 같은 억양언어에서는 고저 강세(pitch accent)로 표시된다. 정보초점의 예는 (14)와 같다.

(14) A: What's going to happen next?

   B: Someone is eating a COOKIE. (cf. cookie가 신정보일 때 강세)

(15) is [α someone eating a cookie].

첫 번째 단계는 (15)에서 병합을 통해 국면 α를 도출하는 것이다. α는 여기서 LF로 보내질 가장 작은 국면인 vP이다. 순환1은 기본으로 IF 위치를 구별한다. 순환2는 LF에서 α가 비해석적 [F]/[T]-자질을 갖고 있으면 점검한다. 만약 그렇지 않다면 α는 기본으로 정보영역으로 해석된다. 대용화나 문맥해석(givenness) 점검이 일어난다. (14A)가 대화초기 문장이기 때문에 이는 어떤 대용사 또는 구정보 요소가 없다. 그러므로 가장 작은 국면인 α가 SSI에서 정보초점의 영역으로 확인된다.

SSI에서 정보초점은 초점을 갖는 단어범주의 자질이 아니라 가장 작은 국면 α(vP)가 신정보의 영역이라는 기본 가정이다. 이 가정은 정보초점의 영역은 구정보(Given Information)도 포함할 수 있다는 말이다.

고저 강세배당규칙(pitch accent assignment rule: PAR)은 PF에 적용된다. (10)의 문법모델에서 제안되듯이 α는 독립적 단위로 PF로 보내진다. 그러나 PF는 SSI에서 정보구조 순환1과 2에 접근이 가능하다. 좀 더 정확히 말하면 PF는 Chomsky(2000:131, 2001)가 가정하듯 국면의 도출이론에 접근이 가능하다. (15)의 α가 PF로 보내지면 PF는 이것이 삭제된 형식적 [F]/[T]-자질이 없다는 것과 α는 오직 신정보만을 갖고 있다는 것을 인식한다. PF가 대용화, 지시, 특정성과 사건(event)관리에 접근이 가능한 SSI와 직접적으로 상호작용한다는 가정에서는 첫 번째 순환주기에서 강세의 위치에 대해 말할 특별한 것이 없다. 이는 (16)처럼 내부논항이 구정보로 주어진 경우에만 국면 α의 핵에 고저 강세(pitch accent)를 배당하는 규칙에서 나온다.

(16) 국면핵돌출규칙(Phasal Head Prominence Rule (PHP-규칙))
     내부논항이 구정보일 경우 국면 핵에 고저 강세가 배당된다.
     (cf. 국면핵 + 내부논항(신정보): 신정보 강세 우선적용 후
     PHP 적용)

돌출은 영어나 독일어 같은 억양언어에서 고저 강세배당의 관점에서 정의된다. 이는 특정한 영역, 즉 가장 작은 영역인 국면에서 운용된다.

이러한 전반적인 제안은 이전의 제안보다 개념적으로 우월한 도출적인 제안인데 이는 PF에서 기능순환을 거쳐 (16)과 같은 구조적으로 무표적 구조 (정보초점) 정보를 도출하기 때문이다 (*cookie*의 고저 강세는 PHP-규칙을 따른 것이다). 그리고 국면의 통사적 도출과 표층의미해석을 형식적 자질의 유무와 연관시키는 독립된 순환주기, 즉 문법순환에서 대조적 초점/화제를 도출해낸다.

규칙 (16)은 (14B)의 강세위치를 설명할 뿐만 아니라 목적어인 *cookies*가 구정보일 경우 (17)의 강세위치도 결정한다.

(17) Cookie-Monster LIKES cookies.

(*cookie*가 구정보일 때 (16)의 국면핵 돌출규칙에 의해 국면핵에 강세부여)

구정보(Given Information)란 "대용사적으로 또는 상황적으로 회복 가능한 것"(Halliday 1967b, 211)으로 정의된다.[9] Rochemont(1986)의 용어를 빌면 구정보란 문맥해석적(C(context)-construable)이며 Pesetsky(1987)의 용어를 빌면 담화연관적(D(iscourse)-linked)이다. 이러한 개념들은 담화적 개념으로 LF-화용론 접합면에서 적용된다. 이를 아래 예문(18)에 적용하면 앞선 문장이 *Someone is going to eat a Cookie*라면 전체 부정사 구인 *eating a cookie*가 구정보이다.

(18) a. Now you hear ERNIE *eating a cookie.*

---

9) "recoverable either anaphorically or situationally"

b. Now you HEAR it.

c. Now you DON'T.

왜 *Earnie*에 강세를 배당할까? 직관적으로 답변은 분명하다. 의도된 해석이 정보초점해석이라면 어떤 다른 요소도 초점을 가질 수 없다. α가 LF로 보내질 가장 작은 vP라면 ([β you hear [α Ernie *eating a cookie*]]) 그리고 지각동사 보충어의 핵과 목적어가 구정보라면 강세는 행위자 주어에 실현된다. (18a)는 *What do we hear now?*의 질문에 답이 될 수 있고 (18b)와 (18c)에도 동일한 논리가 적용된다.

(18b)에서 지각동사의 내부논항은 대명사화되어 담화관련적(구정보)이므로 강세가 없다. 따라서 규칙 (16)에 따라 좀 더 큰 구의 핵인 *hear*가 강세를 받는다. (18b)의 *hear*는 앞선 문장 (18a)에서 언급되었다는 사실에도 불구하고 강세를 받는데 이는 잘 알려진 기본강세현상(Ladd 1980, 1996)이기 때문이다. 이러한 경우들은 정보초점의 영역이 구정보도 포함할 수 있다는 것을 보여준다.

(18c)의 예문은 VP-생략의 경우이다. 여기서 규칙 (16)은 맹목적으로 좀 더 큰 국면인 β에 적용되고 국면 핵 *don't*에 강세를 배당한다.

3.3.2 대조초점(Contrastive focus)

이제 대조초점의 개념과 이것이 어떻게 정보초점의 개념과 상호작용하는지 알아보자. C_{HL}의 관점에서 대조초점과 대조화제는 단어 또는 구범주와 연관되는 가장자리 자질이다. 해석의 관점에서 대조초점은 "서술구가 포함할 수 있는 문맥적으로 상황적으로 주어진 요소들의 하위집합"으로 정의된다. (Kiss 1998:245)

일단 국면 α가 조합되어 SSI로 보내지면 [F]/[T]-자질을 갖는 요소는 문법순환주기 2에서 감지된다. 형식자질들은 LF에서 해석될 수 없기 때문에 국면은 다시 C_HL로 보내진다. 순환 *wh*-이동처럼 초점자질은 국면의 핵에 E-자질의 배당을 촉발한다. 이 경우 두 가지 선택이 가능한데 대조적 구성소의 형식자질은 일치(제자리의 대조적 초점)를 통해 삭제되거나 국면(vP)의 가장자리로 이동한 후 삭제되며 이는 좀 더 상위 자리로 추가의 이동을 할 수 있다. 일치 또는 이동과 같은 운용은 체계의 불완전성이 아니라 Chomsky(2000, 2001)가 말한 것처럼 최고의 설계자가 형식적 E-자질을 v/C로 교묘하고 경제적인 방법으로 이동시킨 것이다.

일치에 의한 형식적 E-자질의 삭제의 예는 (19a)이고 국면의 가장자리로의 이동을 통한 삭제의 예는 (19b)이다.

(19) a. Now you hear [ME]_F eating a cookie. (일치에 의한 형식자
질 삭제)

b. It is [ME_i]_F that you hear t_i eating a cookie now. (이동을
통한 형식자질 삭제)

도출단계 α에서 대명사 *me*는 대조초점 자질을 부여받고 다음과 같은 구조로 병합된다.

(20) [β you hear [α [me]_F eating a cookie]]

다음 단계에서 α는 LF/PF로 보내진다. LF에서 초점자질은 해석될 수 없으므로 국면은 다시 C_HL로 되돌아간다. *me*의 초점자질은 국면 v의 핵에 E-자질의 부여를 촉발한다.

그렇다면 (21)과 같은 기본적으로 두 기술적인 자질점검이 실행된다.

(21) a. 일치(Agreement) (이동 없는 자질점검)

　　일치는 E-자질(여기서는 초점자질 [F])과 F 영역의 동일한
　　자질 [F']사이에 일어난다. F의 영역이란 F의 보충어이다.
　　이런 식으로 *me*의 대조초점은 제자리 국면의 자질에 의해
　　점검된다.

b. 대조초점이동(Contrastive Focus Displacement)

　　국면의 E-자질은 초점 받은 대명사 *me*를 국면의 가장자리,
　　여기서는 spec vP로 이동함으로써 형식적으로 삭제될 수
　　있다. 이때 이동한 요소는 추가의 상위이동이 가능하다.

　일치를 통한 자질점검의 경우에 SSI에서 결과 되는 구조는 어떤 E-자질
도 갖지 않는다. 그러나 이러한 자질들은 PF에서 가시적이다. (20)에서, PF는
대명사의 삭제된 [F]-자질을 읽을 수 있고 *me*에 고저 강세를 부여한다. 이동
을 통한 삭제의 경우에도 이 자질은 PF에서 가시적이며 PF는 이동한 요소에
고저 강세를 부여한다.

　대조초점이 마무리로 대조저 초점, 화제 그리고 대조화제를 비교해보자.

(22) a. Mary bought the book about BATS in Amherst....

　　(... not the one about RATS)

b. The book about BATS Mary bought in Amherst.

c. The book about BATS Mary bought in AMHERST ...

　　(... the one about SQUIRRELS in BOSTON)

(22a-c)의 *Mary*는 화제이며 이는 관련관계(aboutness relations)에서 일어
나는 구성소로 정의된다 (Reinhart (1982)). 대조적 제자리 초점은 (22a)에서
*BATS*이고 *RATS*와 대조된다. DP인 *the book about BATS*의 대조초점은 (22b)

에서 문장의 왼쪽 가장자리로 이동한다. 동일한 DP가 (22c)에서 이동되는데 이는 대조화제의 기능을 갖고 대조초점은 PP인 *in Amherst*에 실현된다. 대조화제는 "화제화와 초점화의 결합된 효과"를 보인다.

여기서 대조초점과 대조화제를 같이 다루는 이유는 둘 다 정보영역안에서 대조의 기준과 이동의 기준을 만족시키기 때문이다. 3장의 탈피구문과 4장의 공백구문에서 이러한 문제가 다루어 질 것이다.

4. 생략의 혼성초점 분석
(The hybrid focus analysis of ellipsis)

(11a,b)의 이중순환 정보구조가설의 직접적인 결과는 공백구문이나 탈피구문과 같은 문장의존형 과정과 VP-생략과 같은 담화의존형 과정이 정보구조 순환주기에서 각각 다르게 분석되어야 한다는 것이다. 아래 문장을 살펴보자.

(23) a. Leon read The FACTS and Manny ~~read~~ The Great American NOVEL. (Gapping/C2/SBE)

b. Leon read The FACTS, but ~~he has~~ not ~~read~~ The Great American NOVEL. (Stripping/C2/SBE)

c. John said that Manny read The FACTS. But Mary—who knows that Manny has never read a book by Philip ROTH —said that he HASN'T [~~read The Facts~~]. (VP-Ellipsis/C1/DBE)

(23a)의 공백구문은 대조적 잔여성분들을 국면의 가장자리로 이동한다(4장 논의). (23b)의 탈피구문은 하나의 대조적 잔여성분을 이동한다. 두 경우

에 대조적 성분들은 순환1에서 E-자질이 감지된다. 형식자질의 존재는 각각의 국면이 문법순환주기에 관련될 것을 요구한다. 각 경우에 두 번째 순환주기는 국면에서 형식자질을 구별하고 이러한 자질들이 SSI에서 해석되기 전에 C_{HL}로 되돌려 보낸다. 공백구문과 탈피구문에서는 형식자질들이 국면의 가장자리 spec vP로의 잔여성분 이동에 의해 삭제된다. (23c)와 같은 VP-생략은 C_{HL}로 보내지기 전에 기본적으로 기능순환에 의해 해석된다. 정보초점은 (16)의 국면핵돌출(PHP)규칙에 따라 기능핵인 *HASN'T*에 실현된다. 해석은 좀 더 큰 담화구조에 접근해서 접근가능성을 위한 구조를 점검한다.

문제는 DC-ISH가 VP-생략과 공백구문의 하위부류인 유사공백구문을 어떻게 다루는가 하는 것이다. (24)에서 반복되는 (5a)의 문장을 살펴보자.

(24) a. Manny read *The Facts*, but he DIDN'T ~~read~~ *The Great*
           American NOVEL.

유사공백구문의 정보구조 분석은 (24)의 목적어 잔여성분인 *The Great American NOVEL*이 대조적으로 초점을 받을 것을 요구한다. 즉, DP는 두 개의 순환주기를 통과하기 위해 국면이 목적어를 가질 것을 요구하는 E-자질을 갖고 국면의 가장자리로 이동함으로써 비해석적 자질을 점검한다. 이러한 이동 후에 가장 작은 vP는 생략될 수 있다. 따라서 통사적으로는 vP 구성소의 생략을 포함하지만 정보구조 관점에서는 구문이 정보구조의 순환1과 2를 통과하므로 이는 공백구문이나 탈피구문과 함께 대조적 잔여성분을 격리하는 구문으로 분류된다.

이중순환 정보구조가설(DC-ISH)을 문장의존형 생략과 담화의존형 생략에 적용한 결과는 다음과 같다.

(25) a. 문장의존형 생략(SBE)

　　　문장의존형 생략의 정보구조기능은 (협의의) 대조초점을
　　　분리하기 위한 것이다.

　　b. 담화의존형 생략(DBE)

　　　담화의존형 생략의 정보구조기능은 생략요소를 대용사적
　　　(anaphoric) 또는 구(given) 정보로 표시하기 위한 것이다.

　　문장의존형 생략은 협의의 통사론에서 일어나고 이곳에 문법순환2가 적용된다. 그러나 담화의존형 생략은 담화기능순환1이 적용되며 협의의 통사론 밖에서 일어난다. 기능문법설명과 담화문법설명은 각각 다른 순환으로 나타난다.

　　생략에 관한 최근 연구는 PF-삭제(PF-deletion) 또는 대용어 설명(Proform Account)같은 것이 있지만 이 연구에서는 DC-ISH의 직접적인 결과인 생략의 혼성초점설명을 지지하는 증거를 제시할 것이다. 생략의 위치로부터 통사적 이동(대조화제/초점의 이동)을 분류의 기준으로 설정하면, (23c)는 대용어로 설명되고 반면 (23a,b)와 (24)는 PF-삭제로 설명된다. 생략의 혼성초점설명을 위한 가설은 (26)과 같다.

(26) 생략의 혼성초점가설 (Hybrid Focus Hypothesis of Ellipsis) (1
　　차안)

　　a. PF-생략 설명은 대조초점/화제가 통사적 이동으로 격리되
　　　어진 생략구문에 가정된다.

　　b. 대용어 설명은 이동이 포함되지 않는 VP-생략과 같은 핵
　　　심적인 경우에 적용된다.

　　즉, 생략위치로부터 통사적 이동(A'-이동)이 일어날 때마다, 이동된 구성

소는 대조화제/초점으로 해석되고 생략위치는 분명한 이유가 있는 통사적 표시를 갖는다. 이동이 없는 VP-생략은 동사적 대용어가 구정보로서 생략된 요소를 표시하는 기능을 할 때 대용어 설명으로 더 잘 설명된다. 이때 잔여성분은 문맥에 따라 다양한 담화기능을 가정할 수 있다.

즉 (26)과 같은 생략의 혼성초점가설은 구조적으로 (27)과 같이 나타낼 수 있다. (27)은 대조초점/화제를 이유로 잔여성분이 통사적 이동을 하는 문장의존형 생략을 PF-생략으로 다루고, 생략된 요소가 담화문맥에서 상당히 접근적인 담화의존형 생략은 대용어 설명으로 나타낸다.

> (27) 생략의 혼성초점분석 (Hybrid Focus Analysis of Ellipsis)
>   a. 문장의존형 생략(SBE): [....[XP$_i$]$_{CF/CT}$ [ɑ ....t$_i$.....]] (PF-생략)
>   b. 담화의존형 생략(DBE): [XP X [ɑ .... e ......]] (대용어설명)

문법순환주기 2를 통과한 문장의존형 생략의 잔여성분인 [XP$_i$]는 PF에서 대조적 초점/화제 강세를 받으며 ɑ는 음운적으로 축소된다. 담화의존형 생략의 경우에 PF는 국면해돌출규치에 따라 고저강세(PA)를 배당한다. 즉 VP-생략의 기능핵의 고저강세는 이중순환 정보구조가설의 기능순환주기를 따른다. PF에서 강세는 담화구조에 따라 이러한 잔여성분에 배당된다. 국면 ɑ는 PF에서 음운적 실현을 갖지 못하는 공대용어(empty proform)이다.

5. 결론(Conclusion)

1장에서 초점과 생략을 다르게 분석할 것을 제안했다. 특히 문장의존형 생략과 담화의존형 생략은 통사적 도출과 표층의미해석과 관련하여 다른 두 종류의 생략으로 간주된다. 생략의 혼성초점생략을 제안하고 이는 문법의 통사-SSI 관계의 당연한 결과라고 제안했다. 이러한 제안은 초점과 억양, 정보구조는 PF의 접합면 현상이지만 이는 통사적/의미적 도출이라는 생각을 통합한다.

제안된 비통합적(혼성) 초점분석의 핵심은 적어도 두 종류의 초점, 즉 정보초점과 대조초점을 인정하는 초점이론이다. 정보초점은 (무표적 또는 보통 억양이라고 부르는) 제자리 초점과 연관되고 대조초점은 통사적 이동 또는 일치에 의해 점검되는 형식자질 [F]의 배당과 관련이 있다. 정보초점과 대조초점은 이중순환 정보구조가설에 의해 나타나는 서로 다른 순환주기에서 <LF, PF>표현을 도출할 때 활동적이다.

이 장에서는 도출모델에서 통사론과 표층의미해석과의 상호관련에만 중점을 두었고 뒷장에서의 연구대상은 PF로 분석된 국면을 보낼 수 있는 통사론과 의미론/화용론을 동시에 연산하는 문법의 도출모델을 위한 증거를 찾는 일이 될 것이다.

6. 문장의존형 생략과 담화의존형 생략: 개관
   (Distinguishing SBE and DBE: A preview)

2장은 생략과 정보구조에 대한 선행연구를 살피고 문제점을 지적하며 동시연산분석(Parallel Computation Account (PCA))이라고 부르는 분석을 제안한다. 이는 통사적 도출과 표층의미해석의 노동배분을 요하는 D-모델의 당연한 결과이다. PCA의 핵심적 생각은 통사론, 의미론 그리고 음운론이 동시에 구조를 도출하여 PF에 소리 없는 요소가 나타나기 전에 삭제위치와 생략해석을 분리했던 결과로 생겼던 문제점을 해결하는 것이다. 동시성(parallelism)과 순환성을 체계화할 때, PCA는 국면의 개념에 상당히 의존한다. SBE와 DBE의 차이점은 SSI에서의 DC-ISH에서 나오며 동시성 제약과 대용화 제약은 통사론-의미론 접합면에서 일어난다. 최근 관점으로 볼 때, 삭제(DBE 경우 국면 비가시성조건(Phase-Invisibility Condition)의 적용)는 의미론과 함께 C_{HL}에서 발생한다는 PCA는 엄격한 변형위치와 일치한다.

2.2는 삭제와 비강세가 PCA의 관점에서 통사적, 의미적, 화용적 또는 음운적인지에 대한 답변을 제공한다. 2.3과 2.4는 PF가 의미/화용 부문하고만 접합하는지 아니면 통사부문하고도 접합하는지에 답변을 제공한다. 통사적 이동이 억양에 직접적인 효과를 갖는데 이는 PF가 통사론과 직접 연관된다는 것이다. 그러나 이의 실행은 국면의 동시연산분석에 기초한다. 즉 생략구문을 도출할 때 표층의미해석과 PF-부문과 상호작용하는 연산체계를 포함하는 문법의 도출모델을 제안한다.

3장은 SBE와 DBE의 차이점에 중점을 둔 생략의 PCA를 지지하는 실용적 증거를 제공한다. 여기서 생략의 생성적 정보구조 연구에 핵심적인 두 가지 문제를 언급한다. 첫째, 생략은 도출의 과정 중 삭제되는 내부구조를 갖는가 아니면 생략위치의 통사적 구조와는 무관하게 의미회복기제에 기초하는 대용어 유형인가? 둘째, 생략은 잔여성분의 대조적 초점표시 수단인가 아니면 소리 없는 위치의 ++정보 표시 수단인가? 독일어 증거가 DC-ISH를 지지하며 생략의 혼성초점분석을 지지하는데 이는 생략위치로부터 통사적 이동이 일어나면, 이동한 구성소는 대조초점/화제로 해석되고 생략위치는 대조적 잔여성분생략(Contrastive Remnant Ellipsis (CRE))의 경우처럼 통사적 표시를 가져야 한다는 것을 말한다. 이동이 없으면, VP-생략의 경우처럼 구문은 대용화 구문으로 더 잘 설명되는데 이때 대용화 구문은 삭제된 요소를 국면 비가시성조건에 의해 주어진 정보로 표시하는 기능을 한다.

4장은 공백구문의 통사론과 정보구조를 논의한다. 공백이 또한 대조적 잔여성분생략(CRE)의 한 예로 분류될 수 있다는 것을 보여준다. 이장의 목적은 공백의 통사적 정보구조제약이 PCA와 DC-ISH에서 나온다는 보이는 것이다. 4.2절에서 공백의 두 분석, 즉 삭제와 전역(Across-The-Board (ATB)) 이동분석을 논의한다. 4.3절에서 측면이동(Sideward Movement (SM))에 대한 증거를 제시한다. 첫째, 공백이 vP-구의 등위구조를 포함한다는 가정을 위한 증거는 의미영역 중의성과 운율적 구의 상호작용에서 나온다. 둘째, 영어에서 대조적 공백잔여성분을 갖는 vP의 가장자리에 A'-위치가 있다는 증거는 *wh*-구의 이동과 공백의 화제화구와 관련한 정보구조에서 나온다. 마지막으로 독일어에서 부정어 공백이 일어날 수 없다. 일반적으로, 공백에서 대조적으로 초점을 갖는 요소는 외현적 부정어첨사(negation particle)의 의미영역 안에서 일어나야 한다.

5장은 이 책의 결론부분이다. 이 장은 이 책에서 제안된 주요 가설들을 요약하고 앞으로의 추가 연구를 위한 방향을 제시한다.

접합면과 생략

Interface and Ellipsis

1. 서론

전통적 모델인 T-모델에서 PF에 들어가는 것은 오로지 통사적 표시이다. 기존 이론은 생략현상을 정보처리 과정으로 보기 때문에 두 가지 관점이 존재한다. 그 첫째는 초점이론이며 이는 통사적 접근이다. 둘째 관점은 생략을 의미적 입장에서 보는 접근이다. 비강세화(dcaccentuation) 또는 삭제(deletion) 규칙을 다룰 때 둘 중 어느 입장을 따르는가에 따라 설명이 아주 달라진다. 통사적 관점은 생략현상을 초점이동으로 본다. 따라서 빈 자리는 일종의 대용형이다. 따라서 생략은 통사적 이동이다. 반대로 의미론적 입장은 똑같은 현상을 화용적 현상으로 보며, 또한 PF와 상호작용한다고 본다. 따라서 생략은 통사적 이동과는 무관하다. 그러나 어느 쪽도 완벽한 설명이 아니다. 만일 이중순환 정보구조(Double Cycle Information Structure) 모델을 택하고 T-모델을 버린다면, 이러한 대립관계를 피하고 둘 다 협조관계에 놓고 작업을 한꺼번에 처리할 수 있다.

통사부와 정보구조는 각각 별도의 기능이 있고 분업을 한다. 정보구조에는 문법적 요소와 기능적 요소가 둘 다 있다. 그것을 LF에서 처리하려면 한 번에 작업을 끝낼 수 없고 원하는 결과가 나올 때까지 여러 번 작업을 해야 하기 때문에 문법모델은 D-모델(도출모델, Derivation model)을 택해야 한다. 이제부터 그러한 도출모델을 이용하여 어떻게 생략구문을 만드는가를 보겠다. 우리는 특히 다음 두 질문에 주목해야 한다. 첫째, 생략은 어디에서 일어나는가? 둘째, 눈에 보이지 않는 요소(unrealized material)에 대한 의미적 해석은 어디서 일어나는가? 이러한 질문에 대하여 기존의 두 가지 이론이 어떤 답을 하는지 살펴보자. 그러면 어느 쪽을 택하든 문제점이 남는다는 것을 발견하게 된다. 그러므로 통사부, 의미부/화용부, PF를 모두 동등한 위치에 두고 여러 번 작업하고 동시에 작업하도록 허용하는 도출모델이 제일 좋은 대안으로 떠오르게 된다.

이러한 제안을 두고 동시연산분석(Parallel Computation Account, PCA)이라고 이름을 붙이자. 국면(Phase)을 도입하면 원하는 결과가 나올 때까지 여러 번 작업하는 순환성(cyclicity)을 허용한다는 점이 제일 중요하다. 순환이 두 번 일어나는 이중순환 정보구조이론을 인정하고, 통사부와 의미부의 분업을 받아들이고, 도출모델이 유일한 해답이라는 점을 인정한다면 결론적으로 누구든지 당연히 PCA를 선택하게 된다.

PCA를 인정하면, 생략은 하나의 현상이 아니며 두 가지 현상이 섞여 있다. 하나는 문장의존형 생략(SBE), 다른 하나는 담화의존형 생략(DBE)이다. 새로운 모델인 이중순환모델에서는 통사부와 SSI가 상호작용하면 두 종류의 생략구문을 자연스럽게 만들어낸다. 좀더 자세히 설명하자면 화용론과 PF가 상호작용하면 기능순환(functional cycle)이 만들어지며, 거기에서 담화의존형 생략구문이 만들어진다. 통사부와 PF가 상호작용하면 문법순환(grammatical cycle)이 만들어지며, 거기에서 문장의존형 생략구문이 만들어진다. 국면의 해석이 의미부에서 이미 다 이루어진 다음에 더 큰 국면을 두고 다시 한번 통사적 현상인 삭제가 적용될 수 있다. 작업을 여러 번 하는 데에서 생기는 이득이다. 생략구문을 만들 때 통사부와 의미부는 상호작용을 하는 협조관계이며, 이러한 공동작업의 결과 PF에서 공백을 만든다고 본다.

2. 삭제와 비강세화

생략이나 비강세화(deaccentuation)는 동전의 양면처럼 하나의 현상이다. 구체적으로 보면, 두 입장이 있다. 하나는 완전한 통사적 구문을 가진다고 보는 입장과 다른 하나는 그렇지 않다고 보는 입장이다. 완전한 통사구문이 있었다고 보는 첫째 입장을 Complete Syntactic Representation(CSR)이라고 부른다. 그렇지 않다고 보는 둘째 입장을 No Syntactic Representation(No SR)이라고 부른다. 그리고 우리의 입장, 즉 PCA를 도입하여 통사부와 의미부가 상호작용한다고 보고, 같은 층위에서 삭제와 의미해석이 일어난다고 보는 입장을 동시연산적 접근(PCA)이라고 명명한다.

이런 입장은 2001년부터 2005년까지 Chomsky의 연구업적에 바탕을 두고 국면과 그로 인한 순환적 작업을 이용하여 통사부나 SSI(통사-의미 접합면)나 똑같이 PF와 상호작용할 수 있다는 새로운 관점을 택한 것이다. 이중 순환모델은 국면이 들어오면 분류작업을 하여 비해석성자질을 가진 국면은 C_{HL}로 보내고, 비해석성자질이 없고 작업이 완성된 국면은 PF로 보낸다. 생략구문의 해석은 통사론과 의미론이 상호작용하는 접합면에서 일어나며, 통사규칙이 적용되는 장소도 동일하다. 따라서 의미해석과 통사현상이 따로 따로 일어나지 않고 같은 장소에서 일어난다. 화용론에서 일어나는 모든 종류의 해석(화제/초점의 의미, 평행구조, 대용화, 잉여성, 작용역 해석)은 각각의 국면에 자질의 모양으로 표시되고, 그 자질표지를 가진 국면을 PF로 보낸다.

PF는 전체 문장을 만들지 않고 조각을 잘라 국면별로 차례대로 생성하므로, 생략구문인 경우에는 침묵을 만들어낸다. 비강세화와 PF삭제를 어떻게 구별하는가는 Klein(1993)이 제안했던 문제이다. 만일 강세만 비었다면 비강세화가 일어나고, 반면 분절(음소)과 강세가 둘 다 비었다면 삭제구문이 생성된다. 이 대목은 Klein(1993)의 제안을 그대로 따르기로 한다.

2.1. 기존 이론

다음 질문에 입각하여 생략구문에 대한 기존 이론들이 얼마나 정확한지 조사해 보자.

> (1) i. 비강세화와 삭제현상은 어디서 일어나는가? 다시 말하면
> PF에서 [±segmental], [± suprasegmental] 이렇게 해석되는
> 자질들을 부여받는 장소는 어디인가?
> ii. 의미론적 해석은 어디서 일어나는가? 어디에서 대용형을
> 만들고 점검하는가?

접합면에 관한 일반적 질문은 어디서 자질부여를 하는지에 대한 것이며, 의미론적 질문은 어디서 의미해석을 하는가이다. (1)은 이러한 질문을 모두 포괄한다. 그러나 생략현상에 대하여 해결할 질문이 더 있다. 비강세화와 삭제현상이 일어나는 원인이 무엇인가, 그리고 생략현상과 대조적 초점/화제는 어떻게 상호작용을 하는가이다.

> (2) 완전통사표시가 있다는 입장(CSR Accounts)
> i. PF-삭제: 삭제는 PF에서 일어나고, 그 해석은 PF와 화용론
> 이 상호작용하면 생긴다.

ii. 통사적 삭제: 삭제는 표면구조(Surface Structure)에서 일어
나고, 그 해석은 흐린 구조(Shallow Structure)에서 일어나는
데, 두 개는 이분지 구조이다.

iii. 델타해석 삭제: 삭제는 심층구조에서 일어나고, 그 해석은
재구성(reconstruction)에서 일어난다.

어느 입장이든 삭제와 해석이 각각 다른 장소에서 일어난다는 주장을 이
름만 바꾸어 반복할 뿐이며 그 핵심은 똑같다. 그렇다면 완전 통사적 표시가
없다는 입장을 살펴보기로 한다.

(3) 완전통사표시가 없다는 입장(No SR Accounts)
i. 대용형 분석: 통사론에서 대용형을 삽입하고 LF에서 그것
을 해석한다.

ii. 대용형 분석과 재구성: 통사론에서 대용형을 인허하며 LF
재구성이 그 해석을 담당한다.

여기서노 똑같은 일이 벌어진나. 동사적 현상은 먼저 일어나고 그 해식은
다른 곳에서 나중에 일어난다. 그러므로 두 가지 입장이 결과적으로 다 똑같
으며 경험적 효과 면에서 보면 다를 것이 없다. 만일 PCA를 도입한다면, 통
사적 도출과 그 해석이 동시에 일어나며, 다만 그 때 그 때 생겨나는 국면에
따라 반응할 뿐, 어디서 해석하고 어디서 도출을 할지 미리 정할 필요가 없
다. 따라서 연구의 관심사는 어디서 그 현상이 일어나는지가 아니고, 동시에
일어난 그 현상을 어떻게 하나로 통합하며 상호작용하는가에 모아진다.

CSR은 언어연산장치가 완전한 문장을 만든다고 믿기 때문에 생략을 설
명하려면 다양한 가설이 필요하다. (2i)의 PF-삭제는 발음삭제가설(Phonological
Reduction Hypothesis)을 도입하였다.

(4) 발음삭제가설: 생략구문은 PF에서 잉여요소를 삭제하는 규칙
때문에 생긴다. 잉여요소는 낮으면서도 변화가 없는 억양으로
표시된다(Chomsky and Lasnik 1993).

이 이론의 핵심은 PF에서 생략이 생기는 이유에 대하여 PF에서 남아도
는 요소를 없애기 위하여, 또는 초점을 주기 위하여 일어나는 제약현상의 결
과물이라고 본다.

중요한 것은 Tancredi(1992)의 주장이다. 그에 의하면, 동사구 삭제에 대
한 제약조건은 다시 말하면 비강세화에 대한 제약조건과 동일하다. 따라서
두 현상은 같다고 볼 수 있고 비강세화는 근본적으로 PF에서 일어난다. 그렇
지만, 비강세화의 원인은 초점과 화제를 결정짓는 의미해석과 관계가 깊다.
대표적으로 예문 (5)을 보면 먼저 중요한 부분에 초점을 두고, 그 나머지 부
분을 지워버리는 과정에서 나중에 비강세화, 즉 삭제현상이 일어난다는 것을
알 수 있다. 의미해석이 선행하며 통사현상이 나중에 일어나는 것이다.

(5) John likes flying planes but Bill doesn't like flying planes.

이론적으로만 따지면 의미가 4가지일 가능성이 있다(실제로는 생략이 있
든 없든 두 가지 해석만 가진다). 앞부분도 두 가지로 해석할 가능성이 있고,
뒷부분도 두 가지로 해석할 가능성이 있기 때문이다. *flying planes*는 주어자리
에 PRO가 있는 문장으로 볼 수도 있고 PRO가 없는 명사구로 볼 수도 있다.
그런데, 만일 생략이 일어나 뒷부분이 *But Bill doesn't*로 줄어들면, 생략구문
은 앞부분과 동일한 의미를 가질 뿐이고 중의성은 앞부분만 가질 수 있기 때
문에, 전체적으로 보면 의미가 두 개 뿐이다. 그런데 이러한 이론적 추론과
달리, Tancredi에 따르면 생략을 하든 말든 상관없이 (5)는 항상 두 가지 의미

이다. 따라서 생략과 비강세화는 근본적으로 동일하다.

또한 그는 엄격한 의미와 느슨한 의미(strict reading and sloppy reading)를 보여주는 구문들을 찾아, 똑같이 생략과 비강세화라는 통사현상을 적용한 다음, 의미해석이 어떤 변화를 보이는지 조사했다. 그 결과 어느 쪽이든 동일한 결과를 보여준다는 증거를 찾아냈다. 그러므로 동사구 생략은 생략이나 비강세화에 수렴되는 하나의 현상이라고 본다. 다시 말하면 통사적 생략과 강세규칙은 상호작용한다. 그리고 추가로 지금까지 생략이론에서 다루지 않았던 내용을 더하고자 한다. Ariel(1990)은 선행사에 대한 접근성이 얼마나 용이한가에 따라 비강세화인가, 완전한 삭제인가가 달라진다고 주장하고 있다. 그의 주장에 따르면 선행사도 생략구문의 종류를 결정하는데 다소 영향력이 있다.

생략구문을 PF 생략이 아니고 통사적 생략으로 보는 입장은 흐린 구조가설(Shallow Structure Hypothesis)이다. (5)의 예문을 조사한 Sag(1976, 1977)의 입장과 동일하다.

(6) 흐린 구조가설(Shallow Structure Hypothesis)
    의미적 해석이 생략보다 먼저 일어나야 한다. 그런 다음 잉여 정보는 삭제 또는 비강세화를 적용한다. 전체적 밑그림을 그릴 때 언제든지 원하면 지우는 것처럼, 문장구조도 전체의미를 포함하는, 흐린 그림을 바탕으로 그린다. 그 다음에 세부적으로 따져 중복된 부분과 중요하지 않은 부분은 삭제하든지 비강세화를 한다. 따라서 의미는 선행하고 삭제는 후행한다.

이런 관점에서 보면 모든 생략은 통사적 현상이며, 모든 작업은 거기에서 끝나므로 PF는 한 일이 없다.

델타해석이라는 입장은 본래 Wasow(1972, 1979)가 제안하고, 나중에 Williams(1977a)가 보다 정교하게 다듬은 이론이다. 델타(Δ)란 삭제를 뜻하는 표지이며, 그 삭제는 심층구조인 D-구조에서 일어난다. 의미해석은 LF에서 재구성을 함으로써 일어난다. (7)은 Wasow의 제안을 보여준다.

(7) 공 구조가설(Empty Structure Hypothesis): 공 대용사는 그 선행사와 내부구조가 똑같다.

이에 따르면 공백에 없는 것은 발음이다. 그 자리에 어휘적 요소를 넣든 말든 그것은 마음대로 선택가능하다. 보이지 않는 요소를 가진 생략구문을 만드는 것은 통사부이다. 그러나 여전히 내부구조와 통사자질을 그대로 가지고 있기 때문에 통사부에서 다룰 수 있다. 대용사구문은 선행사와 그에 상응하는 대용적 표현이나 공백을 가진 구문을 만들어낸다. 공백을 가진 표면구조는 해석상 불확정으로 간주된다(Wasow, 1979).

이 이론에 따르면 예문 (8a)는 (8b)로 해석된다.

(8a) Anna will go to the lecture and Mary might _____.

(8b) Anna will go to the lecture and Mary might go to the lecture.

비어있는 공백은 그에 대응하는 구조를 선행사로 삼아 그 내용을 그대로 복사한다.

그러면 (8b)와 같은 해석이 나온다. 만일 (5)처럼 대등구문이 있고, 그 해석이 두 가지로 가능한 경우라면, 그 하나마다 따로 따로 알맞은 구조가 있다고 본다. 즉, (5)에서 두 번째 대등구에 PRO가 따로 있다고 본다면 *Bill doesn't like John flying planes*라는 뜻이 된다. 그러나 PRO가 없는 구조라면 *Bill* *doesn't like flying planes*라는 뜻이다. 의미 하나마다 그에 따른 새로운 구조를 부여하는 방식은 생략이나 삭제구문을 다룰 때 그 구문생성과 그 해석을 각각 다른 층위에서 해결하던 전통적 방식이다.

확대표준이론에서 우리는 통사는 심층구조와 표면구조에서, 해석은 LF에서, 발음은 PF에서 따로 따로 하는 작업방식을 따랐고 그 결과 도저히 해결이 불가능한 복잡한 문제더미에 부딪혔다. 그와 똑같이 델타이론도 둘 중 하나만 할 수 있다. 전통적으로 작업분담을 하는 T-모델을 택한 다음, 삭제는 통사적 현상이라고 보고, 나머지 모든 현상을 삭제에 대한 제약이라고 부르며 산더미같이 문제들을 안고 있든지 아니면, 아예 모델 자체를 바꾸어 의미해석이 먼저 일어나고 삭제는 나중에 일어나도록 문제를 획기적으로 뒤집어 새로운 관점에서 문제를 바라보든지 해야 한다. 그게 아니라면 T-모델은 그대로 두고, 생략을 통사현상이 아니고 해석현상이라고 보는 방법도 있다.

완전통사구문은 없다고 보는 No SR의 입장을 살펴보자. 그에 의하면 생략은 통사적 표상이 아니다. 여기에도 두 가지 입장으로 갈라진다. 하나는 생략을 통사적으로 인허를 받은 비어있는 대용형(proform)이라고 보며, LF에서 의미해석을 받는다.

이와 유사한 구문으로 담화구문이 있고 초점구문이 있다. 그 내용은 (9)에 나와 있다.

(9) 대용형 분석방법
John likes flying planes but Bill doesn't [vp e].
LF에서 두 가지 재구성(두 가지 의미해석)
a. John likes PRO flying planes but Bill doesn't like PRO flying planes.
b. John likes flying planes but Bill doesn't like flying planes.

한편, 다른 하나의 입장은 비어 있는 자리를 대명사로 보는 것과 재구성을 통해 의미해석을 얻는 방식은 똑같고, 그 빈 자리에 대하여 통사적 인허조건을 적용시킨다는 점만 다르다. 이러한 입장은 가진 학자들은 두 부류가 있다. Chao(1988), Lobeck(1999)은 동사구생략에 이 분석방법을 도입하였고, Chung, Ladusaw & McCloskey(1995)는 수문구문(sluicing)에 도입하였다. 어느 입장을 택하든 통사론에서 공백화가 인허되고, 그 해석은 LF에서 담당한다.

최소주의 초기단계에 원리-매개변항이론이 득세하던 시절에 영어 동사구 생략구문을 다루는 지배적 방식은 그것을 대용화 현상으로 보는 것이었다. Ariel(1990)의 접근가능성 이론(Accessibility Theory)을 보면 그 사실이 잘 드러난다. 그녀는 생략된 동사구를 일종의 대용형으로 보고, 일반적인 명사 대용사는 그 절을 경계선으로 삼아 그 안에서 선행사를 찾는 데 비하여, 동사구가 대용사일 때는 더 큰 범위인 담화를 중심으로 선행사를 찾을 수 있다는 의미에서 동사구를 더 높은 접근가능성 표지(higher accessibility marker)라고 불렀다. 대용사가 초점구문에 영향을 주는 것과 마찬가지로 생략된 동사구도 그 문장의 초점에 영향을 준다. 새로운 모델인 이중순환모델을 택하면, 생략된 동사구는 그 앞에 나온 동사구를 선행사로 삼아 먼저 해석부터 한 다음, 선행사와 대용사 동사구를 하나의 국면으로 삼아 다음 작업단계인 PF로 보낸다. 그리고 생략된 동사구는 침묵으로 남게 된다. 완전한 문장이 되기 위하여 나머지 다른 요소들을 더 추가하는 것도 얼마든지 가능하다. 눈에 보이는 요소가 눈에 보이지 않는 요소를 지배하여 그것이 무슨 의미인지 암시한다.

보통 선행사는 강세를 받고 절대 축약형으로 나타나지 않는다. PF에서는 강세를 받고 LF에서는 중요한 정보이므로 초점이 된다. 다른 문헌에서 보면 동사구 생략을 비강세화로 보려는 시도도 있고, 선행 동사구를 기능핵(functional head)으로 보아 대조적 초점을 주는 규칙을 만들려는 작업도 있었다. 어느 방식을 택하든, 그 의미해석은 항상 담화차원에서만 가능하다. 그런데, 우리의 이중순환모델은 담화차원의 의미해석도 순환 1(기능순환)에서 이루어질 수 있다.

최근에 근본적 변화가 일어났다. 전에는 생략현상을 설명할 때 표시모델(representational model)을 바탕으로 인허이론으로 설명하던 것을 지금은 몇 번이고 작업이 가능한 도출모델(derivational model)을 바탕으로 PF 삭제이론을 주로 채택한다. 생략은 PF 현상이라고 본다면, 어떤 이익이 있는가? 해석을 받아야 할 통사구문을 전혀 건드리지 않고 그냥 내버려두기 때문에 LF에서 의미해석을 처리하는 작업이 간단해진다. 만일 그렇지 않다면 이미 없어진 요소를 포함한 통사구문으로부터 온전한 의미해석을 얻어내기 위하여 수없이 복잡하고 다양한 가설이 필요할 것이다.

이제 세 가지 입장을 간단히 살펴보자. 첫째, PF 삭제이론은 비강세화에서 완전한 침묵에 이르는 긴 연속선을 하나의 현상으로 인식하고, 생략은 그 연속선의 끝에 위치한다고 본다. PF삭제는 통사구조를 만드는 과정에서 이루어진다. 둘째, Sag의 이론은 먼저 동일한 요소가 두 개 있다고 인지한 다음, 나중에 오는 요소를 지우는 방식으로 생략현상을 다룬다. 이런 입장을 받아들이려면, 전체적 문법모델이 먼저 해석을 하고 나서 나중에 삭제를 하는 방식으로 바뀌어야 가능하다. 이러한 입장은 우리의 입장과 동일하다. 만일 전통적으로 먼저 통사작업을 하고 나중에 의미해석을 한다고 보면 설명이 곤란하다. 마지막으로 델타해석 이론이 있다. 생략된 자리는 발음만 없을 뿐 다른 자질은 다 가지고 있는 완전한 통사범주라고 본다. 그와 같지만 약간 변형된 입장으로서, PF에서 발음부여를 방해하는 작업을 통하여 원하는 결과를 얻어내기도 한다.

과거를 돌아볼 때, 우리의 PCA는 Sag의 통사적 삭제이론과 Wasow의 델타해석이론을 조금씩 통합한 것으로 볼 수 있다. 그러므로 PCA는 삭제가 통사부에서 일어나기는 하지만, 의미가 촉발원인이고 통사현상은 그 결과물이며, 그로 인해 도출된 국면이 저절로 PF로 넘어간다고 본다. 즉 작업의 순서가 먼저 의미부, 그 다음 통사부, 그 다음 PF로 진행된다.

2.2. 동시연산분석

Chomsky(2005)는 최소주의 이론을 정교하게 다듬어 순환적으로 작업하는 국면이론을 제안하였다. 국면별로 통사적 작업이든 의미적 작업이든 다 끝내고 나면 자동으로 PF로 보낸다. 만일 선행사를 필요로 하는 비어 있는 자리가 있다면 국면은 유연하게 더 넓어진다. 따라서 PCA는 단 한번의 작업으로 모든 것이 끝나던 경직된 표시모델을 버리고, 여러 번의 순환과 동시작업을 허용하는 유연한 도출모델을 선택한 최근 연구의 성과물이다.

도출모델에서 각각의 모듈은 순서나 서열이 없다. 또한 통사부와 의미부도 동시적이며, 필요하면 언제든지 상호작용이 가능한 접합면을 통해 원하는 문장을 만들어내고 있다. 그러므로 삭제가 일어나는 위치와 그 해석이 일어나는 위치가 하나로 통합된다. 그리고 PF로 넘어간 국면은 그 자리를 침묵으로 드러낸다. PCA에서는 PF 이전에 해석을 다 끝내야 한다. 왜냐하면 해석과 관련된 여러 제약조건, 동일성조건 또는 평행구문에서 준수해야 할 제약조건은 의미해석과 관련이 있으며, PF로 넘어간 다음에는 이미 늦기 때문이다. 따라서 해석상 잘못된 구문은 미리 걸러지고 파탄이 나며, 그런 구문은 PF로 보내지지 않는다.

(10)는 도출모델을 보여준다. 여기서 통사적 도출작업, 의미적 해석 작업, 화용론적 작업, PF 작업은 상하구조가 아니고 나란히 놓여지며, 순서가 없다. 모든 작업은 동시에 이루어지고, 상호간에 협조한다. 또한 PF, LF/SSI(통사론

과 의미론이 상호작용하는 접합면), 화용론이라는 세 부분이 평면적이 아니고 입체적으로 접촉하고 있기 때문에 어느 두 개를 뽑아도 접합면이 나온다. 따라서 접합면을 통한 상호작용이 가능하다.

(10) 도출모델(D-model)

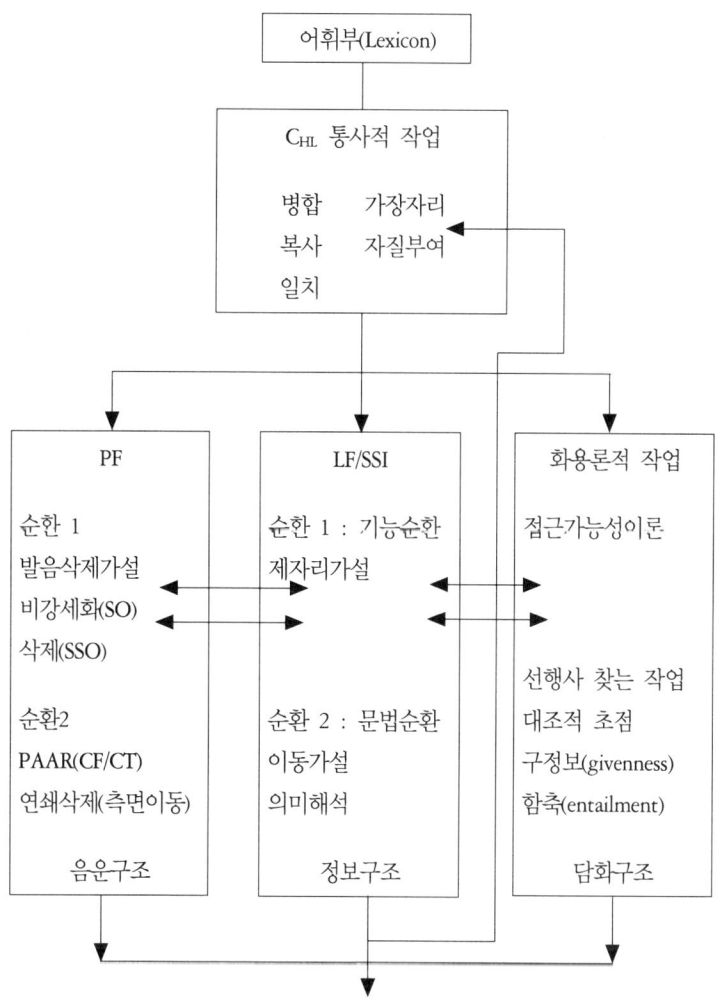

구체적으로 살펴보자. 일반적으로 생략과 관련된 제약조건은 통사론과 화용론의 상호작용에서 나온다. 가장 작은 국면부터 이중순환모델에 집어넣고 작업을 시작한다. 가장 근본적 작업은 점검자질이 있는 국면과 없는 국면을 쪼개고 분리시키는 일이다. 가장자리자질(E-자질)을 포함하지 않은 국면은 제자리가설(in situ hypothesis)에 의하여 그 자리에서 자동으로 정보초점(information focus)으로 처리된다. 만일 가장자리자질이 있다면, 그것을 다시 통사부 연산장치로 보낸다. 통사적 작업을 통과하여 가장자리자질을 없애고 다시 와야 하기 때문이다. 그런 다음, 도출과 해석이 둘 다 끝난 완성된 국면은 PF로 보낸다.

문장의존형 생략과 담화의존형 생략의 차이점은 어디서 오는가? PCA에 의하면 그 차이는 통사론-의미론 접합면에서 이중순환모델을 적용하면 저절로 생겨나게 되어 있는 것이다. 두 가지 종류의 생략구문을 해석하는 작업이 동시에 이루어진다면 두 가지 장점이 있다. 문장의존형 생략구문은 같은 절 내부에 있는 나머지 요소를 위하여 동시해석이 필요하고, 담화의존형 생략구문은 상위절에 있거나 담화차원에 있는 선행사와 같은 의미해석을 요구하는 비어있는 VP/IP 자리를 위하여 동시적 해석이 필요하다. 그런데, 우리가 PCA를 선택하고 이중순환모델을 가지고 하나로 통합된 통사론-의미론적 접합면에서 국면생성작업을 하도록 허용한다면, 모든 것이 한꺼번에 해결된다. 그 국면이 규모가 크든 작든 필요한 모든 작업, 통사적, 의미적, 화용적 작업이 다 이루어지고, PF가 할 일은 가장 경제적으로 그 국면에 발음을 부여하는 것이다.

문장의존형 생략구문은 흔히 공백현상이며 (11)에 나온다. 반면 담화의존형 생략구문은 (12a)와 같은 동사구생략이거나, (12b)와 같은 수문구문이다.

(11) a. She wrote long.... letters, which she sent to her sister and she to my mother.

b. It's probably true.... that the system is so hierarchical that only the assistant manager can talk to the manager and the manager to the general manager....

(12) a. "Even a joke should have some meaning — and a child's more important than a joke, I hope. You couldn't deny that even if you tried with both hands." "I don't deny things with my hands," Alice objected.)
"Nobody said you did," said the Red Queen.
"I said you couldn't if you tried."

b. Co-Pilot schlägt Passagier Axt in den Kopf[...]
co-pilot hits passenger axe in the head
Buenos Aires-Bislang weiß niemand warum:
Buenos Aires so far knows nobody why
Als die Maschine [...] in der Luft war, begann Pablo Morcira gegen die
when the plane in the air was began Pablo Moreira against the
Tür des Cockpits zu treten... Schließlich überwältigate ihn ein Steward,
door of the cockpit to kick... Finally overpowered him a steward,
ein Fluggast und der Co-Pilot. Letzterer griff nach einer kleinen Axt,
a passenger and the co=polot. The last-mentioned took a little axe,
und schlug dem 28-jährigen Banker aus Uruguay in den Kopf.
und hit the 28 year old banker from Uruguay in the head

(11)에 나온 예문 두 개는 공백이 있는 자리가 같은 동사가 자꾸 반복되는 자리이다. 또한 이렇게 동일한 요소가 생략된 공백은 문장을 뛰어넘어 담

화 전체에 걸쳐 일어날 수 없다. 그런데, VP 생략이나 수문구문은 이런 면에서 매우 다르다. (12a)에서 *deny~* 가 생략된 두 개의 VP 생략이 발견되는데, 그 선행사는 각각 다르다. 처음 발견되는 VP 생략은 *Nobody said you did*에 나타나며, 그 선행사는 *deny things with my hands*이다. 이 두 요소가 선행사-대용사 관계를 가지려면 소유격까지 포함해야 하므로 느슨한 해석(sloppy reading)이 필요하다. 두 번째 동사구생략은 *I said you couldn't if you tried*에서 발견되며, 그 선행사는 한참 앞에 지나간 붉은 여왕개미의 말, *You couldn't deny that even if you tried with both hands*이다. 두 개의 선행사를 비교하면 하나는 *my hands*, 다른 하나는 *both hands*이며, 더구나 하나는 바로 앞에서 선행사를 찾을 수 있지만, 다른 하나는 한참 건너뛰어야 선행사를 찾을 수 있다. 이러한 속성 때문에 도저히 PF 삭제로는 동사구생략현상을 설명할 수 없다. 담화의존형 생략구문은 화자에 의하여 담화문 전체가 담고 있는 정보를 분석하여 훨씬 먼 곳에서 선행사를 찾아낼 수 있다. 힌트가 되는 남아있는 주어는 맥락에서 주어지며, 생략된 동사가 있는 조동사는 매우 강하게 발음되고 또렷하게 구별된다. 가령, 이 예문에서 *did, couldn't, tried*는 그와 같은 이유로 매우 강하게 발음된다.

(12b)에는 수문구문이 나온다. 이 또한 PF삭제로는 설명이 불가능하다. 하나의 문장이 아니라, 전체 담화를 다 읽어보아야 무엇을 가리키는지 짐작할 수 있다. 여기서 수문구문은 Bislang weiß niemand warum(So far knows nobody why)이다. 이 문장의 해석은 지금까지 아무도 그 이유를 모른다는 것인데, 여기서 궁금증이 일어나는 요소를 살펴보면 두 가지이다. 하나는 왜 부조종사가 도끼로 승객을 죽이는 짓을 했는지 그 이유를 모른다는 것이고 그러한 해석은 바로 위에 있는 신문기사제목만 보아도 짐작할 수 있기 때문에 금방 PF삭제로 해결될 수 있다. 그러나 좀 더 넓게 보아 느슨한 해석을 해본

다면, 왜 Pablo Moreira가 느닷없이 조종실 문짝을 발로 걷어차기 시작했는지 아무도 그 이유를 모른다고 볼 수도 있다. 이러한 해석은 담화의존형 생략이며 모든 가능한 경우의 수를 인정할 경우 비로소 보인다. 따라서 수문구문은 두 가지 해석이 가능한 담화의존형 생략이며 그런 점에서 대용사구문에 가깝다.

이제부터 국면을 어떻게 PF에서 처리하며 강세를 주기도 하고 빼기도 하는 현상을 다루겠다. 통사연산장치는 국면을 만들고, 만들어진 국면을 SSI로 보낸다. 거기서 정보구조와 의미구조에 맞도록 적당한 해석을 받고, 그런 다음 PF로 보내어진다. 다른 작업장에서 이미 중요한 일이 다 마무리되었기 때문에 PF가 하는 작업은 매우 단순해지며, 단지 그 국면이 가지고 있는 PF자질을 있는 그대로 번역해주기만 하면 된다.

2.2.1. 자립분절: 강세부여와 비강세화

발음이론은 멀리 Pierrehumbert(1980)에서부터 Beckman & Gayle(1997) 까지 모두 합의한 기초적 토대가 있다. 억양과 성조는 일종의 그물망이라는 생각이 가장 기본적 토대이다. 하나의 억양구를 보면, 3~4개의 고저(pitch)가 있고, 강세가 있고, 기본 파동(frequency)의 출발점을 담고 있다. 또한 억양구가 끝나는 경계마다, 특징적인 억양이 있다. Pierrehumbert(1980)는 예문 (13) 에서 기본 억양구조를 보여준다. 시제가 있는 문장은 이러한 억양구조를 가진다.

(13) Boundary   Pitch Accents   Phrase   Boundary
      Tone   Accent   Tone

여기서 강세가 오는 부분이 제일 크고 높고 길게 발음이 되며 나머지 부분은 그냥 평탄하다. Beckman & Pierrehumbert(1986)는 이것을 기본형태로 보고, 그 외에 약간 변형된 형태를 다루기 위하여 두 가지 제안을 하였다. 첫째, 음조가 7개이면, 그 중 첫 출발점에서 강세를 뺀다. 둘째, 억양이 높고 낮은 지점을 규명하기 위해 두 가지 개념이 필요하다. 하나는 억양구(ip)이고 다른 하나는 중간구(pp)이다. 핵심적 아이디어는 억양구는 하나 이상의 구절로 이루어진다는 점이다. 단어보다 조금 크고 억양구보다 조금 작은 운율적 단위는 중간구이다. 중간구가 모여 억양구를 이룬다. 구에서 제일 강한 강세는 중간구의 마지막 자리에 오며, 반면 경계를 표시하는 음조는 억양구의 마지막 자리에 온다.

2.2.2. 문장의존형 생략

공백구문에 대한 세 가지 질문은 다음과 같다.

> (14) i. 공백의 자리에는 내부구조가 있는가?
>
> ii. 의미부에서 공백은 어떻게 해석되는가?
>
> iii. 공백을 해석하고 문법구조를 따질 때 정보구조의 역할은 무엇인가?

> (15) She wrote long [....] letters, which she sent to her SISTER and SHE to my MOTHER.

첫째 질문은 논쟁의 여지가 없다. 공백은 내부구조가 있다. 그 증거는 둘이다. 하나는 평행구조가설이고, 다른 하나는 섬제약이다. 대등구문에서 앞에 있는 대등구에 나오는 선행사가 만일 의문사 흔적(wh-t)을 가지고 있다면 공백도 똑같이 의문사 흔적을 가진 내부구조를 지니게 된다. 그게 평행구조

(Parallel structure)이다. (16)은 그러한 사례를 보여준다.

(16) She wrote long letters, which she [sent t] to her SISTER and
SHE [sent t] to my MOTHER.

선행사와 그 공백이 똑같이 흔적을 가지고 있다. 따라서 공백은 내부구조가
있다.

두 번째 증거는 공백이 여러 섬제약을 지킨다는 사실에서 나온다. 예문
(17)을 보면 동사 *asked*는 공백현상을 보여주며, *and*로 연결된 두 대등구 중에
두 번째 대등구에서 보이지 않는 *we wrote*는 수문현상을 보여준다.

(17) a. SHE asked which LETTERS we wrote and HE which
BOOKS.
b. *SHE discussed my questions **which LETTERS** we wrote
and HE which BOOKS.

(17b)는 복합명사구 바깥으로 의문사 구를 끌고 나오는 것이 불가능하며
이는 섬제약을 어긴다는 것을 보여준다. 원래는 *my questions we wrote which
letters*인데, 그 위치를 바꾸니까 틀린 문장이 생성된 것이다. 따라서 아무리
생략구문이라도 여전히 통사적 제약을 준수해야 하며 이를 어긴다면 똑같은
통사적 효과를 낳게 된다. 반면에 (17a)는 *He asked which books*에서 *asked*가 생
략된 구문이면서 어떤 통사적 제약도 어기지 않았다. 따라서 생략으로 만들
어진 공백은 내부구조를 그대로 가지며 이동제약도 지켜야 한다.

이제 다음 질문으로 넘어가 보자. 공백은 어떻게 해석이 가능하며, 이 때
정보구조는 어떠한 역할을 하는가? (18)에서 보듯이, 전형적인 억양구조는 다

음과 같다. 보통 말에는 강세초점이 4군데 있다. 앞에 오는 대등구에서 *Assistant*와 *Manager*에 내림조 강세(falling accent)가 오고, 뒤에 오는 대등구에서 *Manager*와 *General manager*에 내림조 강세(falling accent)가 온다.

(18) only the ASSISTANT manager can talk to the MANAGER
and the MANAGER to the GENERAL manager.

PCA를 채택한다면, 문장의존형 생략구문을 만드는 통사적 생성과정을 의미적 해석과정이나 공백을 뺀 잔여요소의 정보 구조적 관계를 자연스럽게 설명할 수 있다.

통사적 국면을 동시에 작업하는 것과 마찬가지로, 공백 또한 초점부여를 동시에 하기를 원한다. (19)를 보면 대조적 화제와 초점의 원리가 나온다.

(19) 대조적 화제와 초점의 원리
공백구문에서 잔여성분은 두 개 생긴다. 첫째는 대조적 화제이며, 둘째는 대조적 초점이다. 공백은 항상 구정보이다.

(19)를 참고로 (18)을 다시 검토하자. 둘째 대등구에 있는 잔여성분 (MANAGER, GENERAL manager)은 첫째 대등구에 각각 짝이 되는 대응요소(ASSISTANT manger, MANAGER)를 가진다. 바로 이런 이유 때문에 두 쌍은 대조적 관계를 이루며, 그에 따라 매우 강한 강세를 받게 된다.

(20)의 예문을 보자.

(20) A: Who can talk to whom?
B: The ASSISTANT manager can talk to the MANAGER and

the MANAGER can talk to the GENERAL manager.

(20)에서 질문은 그 대답으로 두 개의 집합을 요구한다. 대화한 두 사람은 *Assistant manager*와 *manager*이든지, 아니면 *manager*와 *general manager*이다.

이 중 처음 나온 집합이 항상 화제(topic, 또는 sorting key)가 된다. 그리고 나중에 나온 집합은 초점(focus)이 된다.

화제와 초점을 다루는 데 있어서 *only*의 역할은 중요하다. (21)에서 그 문제를 다루겠다.

> (21) It's probably true.... that the system is so hierarchical that
>   only the ASSISTANT manager can talk to the MANAGER
>   and the MANAGER to the GENERAL manager....

부사 *only*는 초점부사이므로 항상 그 문장의 초점과 긴밀한 해석관계를 가진다. 예문 (22)을 보면 *only*가 하는 역할을 알 수 있다.

> (22) a. Only JOHN came. (but not BILL)
>   b. John only introduced BILL to Sue. (but not his MOTHER)

문두에 오는 *only*는 주어를 초점으로 취하고, 동사구 앞에 오는 *only*는 목적어를 초점으로 취한다. 따라서 *only*의 위치를 보면 어디에 대조적 강세가 올지 알 수 있다. PCA에 따르면 통사적 도출은 국면도출에 의존하고 있다. 그러므로 완전통사구조(CSR)에 반대한다.

다음 (23)이 그 예이다. 주어에 붙은 *only*는 *assistant*만 초점으로 취하고, 다른 자리에 있지만 지울 수 없는 새로운 정보를 닮고 있다면 대조적 초점이다.

(23)

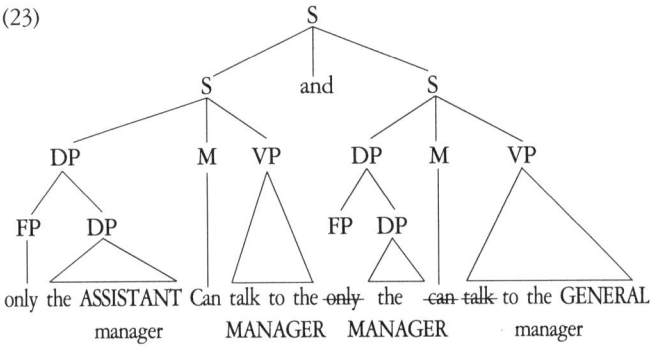

이 문장에서 *only*는 DP에 속한 요소이다. 삭제는 반복요소를 지우고 그런 다음 잔여성분 중에서 새로운 정보는 대조적 초점을 받는다. 따라서 맨 앞에 있는 *assistant*만 초점이며 그 밖의 다른 강세는 다 대조적 초점이다. 이 예문을 다른 말로 바꾸어 말하면 어떻게 될까? 그것이 (24)이다.

(24) P1: As for the MANAGER, only the ASSISTANT manager
can talk to him; and as for the GENERAL manager, only
the MANAGER can talk to him.

이 구문을 보면 초점부사가 두 군데 있으므로 초점이 *assistant*, 그리고 *manager*에게 주어진다. 그리고 대화당사자가 두 집합이 있는데, 앞에 나온 대화는 *manager*와 *assistant manager*가 하고 이들이 화제이며, 뒤에 나온 대화는 *general manager*와 *manager*가 하고 이들이 초점이다. 그러나 어떤 사람들은 (24) 의 의미를 두 가지로 보지 않고 단 한 가지로 본다. 그 의미는 (25)와 같다.

(25) P2: There are only two pairs (x, y) with the property that x
can talk to y—namely, the pair(assistant manager,
manager) and the pair(manager, general manager) and no
other pair.

(24)와 (25)의 차이는 무엇인가? (assistant manager, executive director)와 같이 새로운 쌍을 추가해보면 (24)는 받아들이는데, (25)는 거부한다. (25)와 같은 의미는 그저 초점부사 *only*를 삭제한다고 얻어지는 게 아니다. (25)와 같이 그 자체로 하나의 닫힌 그림을 뜻하는 의미를 설명하려면 PCA가 필요하다. PCA의 이중순환모델에서 두 번째 순환을 보면 이동가설(displacement hypothesis)이 있다. 그에 의하면 화제/초점을 받은 요소는 맨 앞에 있는 A'-자리로 이동해야만 한다. 만일 그렇게 된다면, 각각의 대화쌍은 가장자리 자질로 가서 굳어져 버리고 더 이상 새로운 대화쌍이 추가될 가능성이 사라진다. PCA는 또한 동시적 작업을 허용하므로 국면별로 통사적 작업과 초점/화제와 같은 정보처리 작업이 같이 이루어진다. 이 때 그냥 두어도 적당한 통사적 이동이 저절로 벌어지도록 유도하는 요인이 있는 데, 다음과 같은 조건 때문이다.

(26) 국면침투불가침조건
핵 H를 가진 국면 α에서, H의 영역은 α 바깥에 있는 어떤 작용에 대해서든 접근불가능하며, 오직 H와 그것의 가장자리만이 외부의 작용에 대하여 열려있다.

국면침투불가침조건(PIC)은 화제와 초점과 같이 이동이 가능하거나 통사-의미적 접합면(SSI)에서 어떤 역할을 할만한 요소는 가장자리로 움직여 더 멀리 이동할 수 있도록 하고, 그렇지 않은 요소는 제자리에 그대로 머물도록 영향을 준다.

예문 (21)에 PIC를 적용하면, (27)과 같은 구문이 나온다.

(27) $[_{vP1}$ the manager$_i$ $[_{vP2}$ to the general manager$_j$ $[_{vP3}$ t$_i$ talks t$_j$]]]

가장자리로 이동한 요소는 둘이다. 하나는 *the manager*, 다른 하나는 *the general manager*이다. 제4장에서 나올 공백구문에 대한 분석을 미리 끌어다 쓰자면, 다음과 같다. 공백구문을 분석하면 그것은 vP 두 개를 묶은 대등구문이며, 절대 문장 두 개를 묶은 대등구문이 아니다. 그런데 vP에서 잔여성분이 알아서 바깥으로 이동하는 것은 PIC의 효과 덕분이다. 그러므로 공백구문은 서로 독립적인 두 가지 이동이 연달아 일어난 결과물이다. 하나는 화제/초점이동 때문이고, 또 하나는 껍데기만 남은 vP가 연달아 이동하였기 때문이다. 더 자세히 말하면, 비어있는 동사구를 복사하여 앞에 있는 동사구로 이동한 결과 생겨난 것이 공백구문이다. 두 개의 vP가 하나로 병합되면서, 결과적으로 *manager*와 *general manager*를 관련지어 준다. 이 때 앞에 있는 대등구는 통사부와 SSI의 상호작용으로 작업이 끝나지만, 뒤에 있는 껍데기만 남은 대등구는 사실 텅 빈다. PF를 통과할 때 조금이라도 남아있는 자질들이 있다면 침묵으로 처리하는데 방해가 될 것이다. 이런 일을 방지하기 위하여 다음과 같이 연쇄삭제(Chain Reduction)를 적용하게 된다.

(28) 연쇄삭제(Chain Reduction)
통사부에서 연쇄에 남은 제일 낮은 위치에 있는 복사본은 그 자질이 표시되어 있더라도, 그것을 PF에서 침묵으로 처리한다.

예문 (21)으로 돌아가 보자. 초점부사 *only*는 초점이 있는 *DP assistant manager*에 붙지 않고, 두 개의 vP 중에서 보다 상위에 있는 vP에 붙는다. 이러한 부사는 Jacobs(1983a)가 말한 바대로 문장 전체에 영향을 미치는 (광의의 작용역을 가진) 양화사로 작용한다. 그 자리에 붙으면 *only*는 두 개로 붙어 있는 대등구 전체에 영향을 주기 때문에 두 개의 대화쌍(assistant manager, manager), 그리고 (manager, general manager)에 다 걸린다. 따라서 더 이상 추가될 대화쌍이 있을 리 없고 그냥 그대로 굳어진 그림(fixed pairs)처럼 뜻이 전달되는 것이다. 대부분의 작업은 통사-의미 접합면에서 이루어지고 약간의 특수한 작업이 정보구조와 관련하여 LF에서 이루어진다. 강세를 받은 요소는 가장자리로 이동해가며, 이동 후에 남은 두 번째 대등 동사구는 약간의 자질만 남은 껍데기이므로 PF에서 침묵으로 번역되고 삭제가 가능하다. 중요한 대목은 PF가 그 때 그 때 새로 들어오는 국면을 즉각 작업한다는 점이다. 문장의존형 생략에서 동사구 국면의 가장자리만이 발음이 가능하며, 내용물이 없고 텅 빈 국면은 (28)에 의하여 깨끗이 지워지고 그냥 그 자리에 흔적만 남는다.

2.2.3. 담화의존형 생략

이 절에서는 담화의존형 생략을 살펴보자. 이중순환모델과 PCA는 다음 세 가지 주장을 한다. (i) PRH(Phonological Reduction Hypothesis: 발음삭제가설)은 담화의존형 생략에는 적용되지 않는다. 동사구생략에 대한 제약은 비강세화와 무관하다. (ii) 비강세화와 생략에 대한 조건이 있는 위치는 화용론 부문이다. 이는 또한 이중순환모델에서 기능순환이 존재하는 장소이다. (iii) 동사구생략에 대한 접근가능성이 만족되면, 통사-의미적 접합면은 전체적으로 작업이 완성된 국면을 안 보이는 것으로 간주한다. 이는 국면침투조건에 의한 것인데, 국면이 하나씩 붙어 전체 문장이 완성되면, 그 문장은 그대로 굳어지며, 재작업을 거칠 필요가 없기 때문이다. 국면침투조건에 따르면, 완성된 국면은 하나의 단어가 되며 더 이상 쪼갤 수 없다. 그러나 비강세화의 경우, 국면 내부에 있는 모든 요소들에 대하여 강세유무를 표시해야 하므로 국면침투조건이 적용되어서는 안 된다.

위에 제기한 세 가지 주장을 하나씩 검토해보자. 먼저 (29)에서 첫 번째 주장을 살펴보자.

(29) a. Manny believes he is brilliant and Leo does too.

　　 b. ..... because Leo does.

　　 c. 　　 and Leo believes he is brilliant.

　　 d. 　　 and Leo believes he is a smart guy.

　　 e. 　　 because Leo believes he is a smart guy.

Tancredi(1992)에 의하면 특히 (29a), (29b)가 가장 일반적인 동사구생략이라고 한다.

(29c)는 비강세화가 생략대신 일어난 문장이다. 그 다음에도 역시 비강세화가 일어난 문장인데, 특이한 점은 (29d), (29e)의 경우에는 선행하는 구문과 동일성이 없다는 점이다. 동사구와 관련한 비강세화에 있어 반드시 동일성이 지켜질 필요는 없다. 바로 이런 점이 동사구와 관련된 생략현상을 문장의존형이 아니고 담화의존형으로 분류하게 만드는 요인이다.

삭제와 비강세화는 어떤 차이가 있는 것으로 볼 것인가? 비강세화는 강세만 없고 삭제는 강세와 음절자질이 둘 다 없는 것으로 보는 게 합리적이다. 이런 입장은 Klein(1991)의 제안이며, 우리도 그대로 따르기로 한다. 비선형 음운론은 분절, 음조, 돌출(Prominence)을 따로 따로 다룬다. 음조(tone)는 분절이나 음절과는 독립적으로 따로 행동한다. 또한, 그들만의 독자적인 구조를 가지면서, 음절구조(syllable tier)와 나란히 존재한다(Goldsmith, 1990). 음조구조(tone structure)는 자립분절(autosegment)을 기본단위로 하여 만들어진다. (30)에 그러한 구조가 예시되어 있다.

(30) a. segmental tier: /i/ /n/ /d/ /ʌ/ /k/ /ʃ/ /ə/ /n/
                        [...] [...] [...] [...] [...] [...] [...] [...]
     b. tonal tier: [+High]

비선형 음운론과 자립분절 음운론을 바탕으로 공 초분절자질가설(Null Suprasegmental Feature Hypothesis)이 비강세화를 유발하며, 또한 공 분절자질가설(Null Segmental Feature Hypothesis)이 삭제를 낳는다는 제안을 하기로 한다.

(31) a. 공 초분절자질가설: 초분절자질을 공으로 두면 비강세화가
        일어난다.
     b. 공 분절자질가설: 초분질자질과 분질자질을 공으로 두면
        삭제가 일어난다.

예를 들면 멜로디와 가사가 있는 악보를 놓고 만일 초분절자질을 지우면 멜로디가 없고 가사만 있는 노래가 될 것이다. 만일 둘 다 공으로 두면 침묵만이 흐를 것이다. (31)에 나온 가설이 PF에서 적용된다는 것은 실험으로 증명된 사실이다. 세 번의 실험이 있었는데, 둘은 발성에 대한 것이고 하나는 듣기이해에 대한 실험이었다. 이런 실험들은 보다 구체적으로 (32)에 나온 다음과 같은 가설을 증명할 목적으로 구안되었다.

(32) 두 번째 자리 삭제가설: Second Occurrence Expression Hypothesis(SOE)

완전한 발음의 삭제(reduction)는 두 번째 자리에서만 일어난다. 이러한 변화는 강세이동으로 금방 알아차릴 수 있다.

(29) 예문을 검증하면 세 가지 일반원리가 나온다. 첫째, 만일 똑같은 동사구 두 개를 묶은 대등구문이 있다면 뒤에 나온 동사구는 강세가 없다. 둘째, 만일 (29d, e)에서 보듯이 두 대등구가 약간 다르다면, 뒤에 나온 동사구도 강세를 가진다. 셋째, 대명사는 완전히 SOE에 해당되는 경우에도 다르게 행동한다. 일반적으로 똑같은 대등구가 두 개 오면 두 번째는 생략이나 비강세화가 일어나지만, 그게 강세를 받는 대명사를 포함한다면 반대 현상이 일어난다. 만일 양쪽에 대명사가 있고 앞쪽 대명사가 강세를 가지면, 반드시 뒤쪽 대명사도 강세를 받는다.

다음으로 선행사가 있는 결속변항(bound variable)을 설명하기 위한 억양전략과 SOE에서 무엇이 무엇을 가리키는지에 대한 선행사문제를 풀기위한 전략과는 아주 다르다는 점을 다루기로 한다. 두 가지 질문에 집중하기로 한다. (I) 잉여요소 또는 절반쯤 잉여적인 요소를 가질 때 두 번째 대등구에서 비강세화가 일어난다는 점을 확인할 수 있나? 각각의 대등구에서 추출된 강세패턴에서 어떤 일반원리를 이끌어낼 수 있나? (33)에 나온 예문을 보라.

(33) a. Manny$_i$ glaubt, dass er$_i$ wunderbar ist und Leo$_j$ glaubt, das er$_j$ winderbar ist.

'Manny believes that he is brilliant and Leo believes that he is brilliant.'

b. Manny$_i$ glaubt, dass er$_i$ wunderbar ist und Leo$_j$ glaubt, dass er$_i$ winderbar ist.

c. Manny$_i$ glaubt, dass er$_i$ wunderbar ist und Leo$_j$ glaubt, dass
   erj winderbar ist.

   'Manny believes that he is brilliant, and Leo believes that
   he is brilliant.'

d. Manny$_i$ glaubt, dass er$_i$ wunderbar ist, und Leo$_j$ glaubt, dass
   er$_i$ ein Genie ist.

(33a, b)를 보면 두 개의 대등구에서 종속절이 똑같다. 각 대등구에 있는 대명사 *er*이 변항으로 본다면 전체 의미는 중의성을 획득하며, 이것을 느슨한 의미(sloppy reading)라고 부른다. 만일 대명사를 변항이 아니고 특정물을 지시하는 보통 대명사로 본다면, 전체 의미는 엄격한 의미(strict reading)이다. (33a)에서 본래 의도한 의미는 다음과 같다. 매니는 매니가 똑똑하다고 믿고, 레오는 레오가 똑똑하다고 믿는다는 의미이다. (33c, d)에서 종속절은 SOE에 딱 맞아떨어지는 환경이 아니다. (33c)에서 매니는 매니가 똑똑하다는 것을 믿고 레오는 레오가 천재라는 것을 믿는다. (33d)에서 매니는 매니가 똑똑히다는 것을 믿고 레오는 매니가 천재라는 것을 믿는다.

억양실험을 해 본 결과, SOE는 사실로 판명되었다. 대명사는 일반적으로 두 개의 대등구 중 앞에 오든 뒤에 오든 거의 무조건 강세를 받는 편이다. 대명사가 강세를 안 받는 유일한 경우는, 앞에 나온 대등구에 나타난 대명사가 강세가 없을 경우, 뒤에 나온 대등구에 있는 대명사도 덩달아 강세를 못 받는다. 여러 가지 실험결과 딱 맞아떨어지는 SOE의 경우에는 반드시 비강세화가 일어난다. 하지만 동사구생략이나, 아주 확실한 SOE가 아닌 경우에는 비강세화가 반드시 일어난다고 보기는 다소 무리가 있다.

어떤 억양패턴을 가지는가에 따라 의미해석에 영향을 준다. (34)는 그런

내용을 담고 있다.

(34) 결속변항 대명사는 고저강세이지만, 그게 아니고 그냥 선행
사 다음에 나오는 일반적 대명사는 비강세화이다.

(34)의 단점은 그런 현상이 발견된다는 사실을 보여주기는 하지만, 왜 그
런 차별화가 생기는지 그 이유를 설명하지는 못한다는 점이다. Hirschberg &
Ward(1991)는 그들의 연구결과를 다음과 같이 요약했다.

(35) 강세가 주어지면, 일반적인 해석과는 반대로 역선택을 하는
작업을 더 용이하게 만들어준다. 즉, 보통 엄격한 해석을 하
는 경우에도 특별히 강세가 있다면 느슨한 해석이 가능하며,
보통 느슨한 해석을 하는 구문에 특별히 강세가 있다면 거꾸
로 엄격한 해석을 할 확률이 더 높아진다.

그런데, 도대체 강세가 어떻게 의미해석을 좌우한단 말인가? Ariel(1990)
이 제안한 접근가능성 이론을 활용하고, 비강세화와 완전한 생략을 하나로
다루는 분석방법을 도입하면 강세에 따라 의미해석이 달라지는 현상에 대하
여 이론적 설명을 제공할 수 있다.

Ariel(1990)에 따르면 선행사의 접근가능성에 기여하는 요소는 다음과 같
다.

(36) 접근가능성
a. 거리: 선행사와 대용사 사이의 거리
b. 경쟁: 선행사 역할에 합당한 경쟁자들의 숫자
c. 현저성(salience): 선행사는 일반적으로 눈에 확 띄는 요소

이며 화제인가 아닌가에 따라 그 현저성이 달라진다.

    d. 통합: 선행사와 그 대용사가 하나의 구성단위 또는 틀 안
에 있는가, 아니면 그 밖에 있는가에 따라 통합의 정도를
가늠한다.

VP 생략현상을 놓고 이러한 기준에 따라 분류해보니, 다음과 같이 위계
서열이 드러난다. 접근가능성이 제일 높은 것은 동사구 생략이고, 다른 것은
접근성이 점점 낮아진다.

(37) a. VP 생략: 높은 접근성 표시자

      b. 가시적 VP 대용형(가령, Do so): 중간 접근성 표시자

      c. VP 비강세화: 낮은 접근성 표시자

도출모델에 맞도록 다음 가설을 설정하자. 해석과 관련된 모든 자질은 국
면에 표시되고, PF에 도달하면 저절로 떨어져 나간다. 그리고 접근성과 관련
지어, VP 접근성 가설을 도입하도록 한다.

(38) VP 접근성가설:

    i.   완전한 침묵을 의미하는 VP(생략된 VP)는 매우 높은 접
근성 표시자이다. (36)의 기준 대로 따르면, -거리, -경쟁,
+도드라짐, +통합이라고 풀이된다. 게다가 분절자질도
없고 초분절자질도 없다.

    ii. 눈에 보이며 대명사와 대용사의 중간적 요소(대용사로 변
한 VP)는 강세가 없고 중간급의 접근성 표시자이다. 초분
절자질은 없고 분절자질은 있다.

    iii. 완전히 단어로 드러난 대용사(완전한 형태 또는 강세가

없는 VP)는 낮은 접근가능성 표시자이다. 거리는 있고 경쟁도 있으며, 현저성(saliency)은 없고 통합도 없는 상태이다. 초분절자질은 없고 분절자질은 있다.

iv. 강세가 있는 대용사는 낮은 접근가능성 표시자이다. 초분절자질은 있고 분절자질도 있다.

VP 생략현상은 문장수준이나 담화수준에서 동일하게 벌어진다. 그러므로 기존 이론에서 주장하던 대로 그냥 공백이나 비강세화로 설명하기 힘들다. VP 생략과 VP 비강세화를 하나로 모아 새롭게 설명할 방법이 필요하다. 이중순환모델에서 기능순환(functional cycle)을 도입하면 두 가지 현상을 한꺼번에 설명할 수 있다. 구정보 이론에서 보듯이, 구정보와 신정보에 따른 구별은 접근가능성을 따질 때에도 결정적 차이를 낳는다. 그러나 구정보라는 개념이 너무나 모호하고, 모든 종류의 정보, 모든 종류의 통사적 구조, 모든 종류의 담화적 요소를 다 포괄하는 개념인데 비하여, 접근가능성은 특정한 VP 구문에서 대용사와 그 선행사만을 가리키는 개념으로 매우 명백하고 통사적 개념이라는 게 특징이다.

VP 생략과 VP 비강세화를 구별하기 위하여 더 구체적인 접근가능성 개념이 필요하다. 접근가능성이 높으면 얼마든지 담화를 가로질러 뚝 떨어진 곳에서 선행사를 찾을 수 있다. 그러나 만일 접근가능성이 낮으면, 그보다 더 명시적 형태만이 허용된다. 즉, 그런 자리에는 대용사 VP 또는 강세가 없는 VP가 와야 한다. 문장의존형 VP 생략과 담화의존형 VP 생략에 대하여 다음과 같이 말할 수 있다. 문장의존형 VP는 통사적 제약을 받으며, 담화의존형 VP 생략은 접근가능성에 따라 제약을 받는다. 접근가능성만 다를 뿐, 다른 작업과정은 모두 동일하다. 다만 국면침투불가조건과 동일한 효과를 얻기 위하여 다음 조건을 붙인다.

(39) 국면 비가시성조건

가장 작은 국면 α는 보이지 않는다.

이 조건은 원래 Wasow(1979)가 제안한 대로 눈에 보이지 않는 대용사는 발음만 되지 않을 뿐 나머지는 눈에 보이는 요소와 똑같다는 생각을 담고 있다. 그러나 (39)를 제안한 취지는 전혀 다른 곳에 있다. 눈에 보이지 않는 공요소를 가진 동사구에 (39)를 적용하면, 발음 면에서 볼 때에는 눈에 안 보이는 것으로 취급받지만 다른 측면, 의미 또는 화용론적 측면에서는 여전히 작업이 가능하며 눈에 보이는 국면으로 차별화되도록 하기 위하여 제안한 조건이다. 경제성 원리도 접근이 가능한지 여부를 따질 때 영향을 준다. 따라서 VP 생략과 VP 비강세화를 구별할 때도 역시 접근가능성으로 따져 볼 수 있다.

(40) a. VP 생략: vP 국면이 SS0로 표시된다. 강세와 분절이 다 없다. (39)에 의하여 내부구조는 무시하고 하나의 단어로 취급된다. 따라서 접근가능성이 매우 높다.

b. VP 비강세화: vP 국면이 S0로 표시된다. 발음은 되고 강세만 없다. 내부구조가 눈에 보인다. 따라서 접근가능성이 낮다.

접근가능성이 높은 완전한 공인 경우에는 선행사를 담화차원에서 멀리까지 찾을 수 있고, 접근가능성이 낮은 비강세화의 경우, 선행사를 가까운 거리에서 찾아야 한다는 성질도 자연스럽게 설명이 된다.

PCA는 문장의존형과 담화의존형이 각각 다른 도출과정을 거친다는 것을 보여준다. 문장의존형은 두 번째 순환과정에서 나오고, 담화의존형은 첫 번째 순환과정에서 나온다. 문장의존형의 기능은 생략요소를 뺀 나머지 잔여요소를 모아 앞으로 이동시키는 것이다. 모든 것이 가장자리로 이동한 다음, 텅빈 동사구를 앞에 있는 동사구에 그대로 복사한다. 연쇄삭제로 마무리 작업을 하면 두 개의 동사구에서 하나의 동사구로 형태 자체가 줄어든다. 또한 이동가설(displacement hypothesis)을 도입하면 화제/초점현상을 그대로 설명할 수 있다. 강세가 주어진 초점이 가장자리자질이 있는 A'-자리로 이동하면 그에 합당한 의미해석이 주어진다. 반대로 담화의존형 동사생략은 접근가능성으로 설명가능하다. 정보구조상으로 구정보이거나, 아니면 새로운 개념에 따라 접근성이 높은 텅 빈 자리가 있다면 선행사를 훨씬 멀리까지 찾을 수 있다. 그러나 Wasow(1979)와는 반대로 절점(node) 자체가 공이라고 보지는 않는다. 거꾸로 PF에서 해석이 필요한 자질은 제일 높은 텅 빈 절점(empty node)을 통해 자질을 넘겨준다고 본다. VP 생략의 경우, SS0의 자질을 받은 제일 작은 국면이 그대로 PF로 넘어가는 것을 기억하라. 보이지 않는 국면은 작업하지 않는다는 조건과 한번 작업이 끝난 국면은 다시 외부에서 주어지는 작용의 영향을 받지 않는다는 두 가지 조건을 만족시킨다면, 우리는 원하는 모든 결과를 얻게 될 것이다.

초점가설은 PCA를 위하여 무엇을 예측하는가? 문장의존형 동사생략은 두 개의 동사구를 하나로 통합하는 통사적 과정을 거친 다음, PF에서 매우 강한 강세를 받게 될 것이다. 텅 빈 요소 바로 앞에서 항상 초점이 주어진다. 반면에 담화의존형 동사생략은 통사적-의미적 접합면에서 텅 빈 대용형으로 간주된다. 통사부와 의미부가 협조하여 더 먼 곳까지 선행사를 찾고자 담화구조를 확대하며, 의미적 연상관계와 담화적 대용화현상을 다 검증할 것이다. PF로 보낸 대용형은 SS0의 자질을 가지는데, 이것의 의미는 PF가 아무 할 일이 없다는 것이다. 따라서 그 자리는 그냥 침묵만 존재한다. 이와 같이 두 가지 형태의 초점구문이 존재하는 것을 두고 혼성초점가설이라고 부르며 그 내용은 다음과 같다.

(41) 혼성초점가설(Hybrid Focus Hypothesis)
    a. PF 삭제는 문장의존형에 적용된다. PF 삭제는 실제로 맨 아래 남겨진 복사본을 다 지우는 연쇄삭제(Chain reduction)로 작용한다.
    b. 대용형은 담화의존형에 적용된다. 선행사는 담화차원에서 넓게 찾는다. 작업이 끝난 완성된 국면은 눈에 보이지 않는 국면으로 본다.

지금까지 우리는 PCA라는 새로운 관점으로 공백현상과 생략현상을 다루었다. 먼저 삭제하고 나중에 의미해석을 하던 종전의 방식을 버리고 삭제와 의미해석을 동시에 진행하는 도출모델, 이중순환모델, 그리고 PCA를 채택한다. 그를 뒷받침하는 다양한 근거를 제공하였다. 이렇게 하면 지금까지 우리를 괴롭히던 딜레마가 깨끗이 사라진다. 새로운 도출모델은 층위도 순서도 없다. 통사부, 의미부, 음운부가 나란히 동시적으로 작업을 하거나, 순환적으로 여러 번 작업을 하며, 필요하면 언제든지 두 접합면이 상호작용을 한다. 따라서 의미해석을 먼저 하고, 나중에 그로 인한 이동을 하는 것도 얼마든지 가능하다. 문장의존형 생략(SBE)에서 텅 빈 동사구 자리는 PF 삭제의 결과물이며 아무 것도 없다. 따라서 SS0로 처리하면 간단하다. 그러나 담화의존형 생략(DBE)에서 텅 빈 동사구 자리는 내부구조를 가진 대용사가 있다. 모든 면에서 일반 대용사와 같지만, 선행사를 찾는 범위가 다르다. 이런 대용사는 선행사에 대한 접근성이 매우 높아진다. 완전한 생략은 아주 높은 접근성 표지를 의미한다. 그 때문에 담화 전체에서 선행사를 찾는다.

3. 화용-PF 접합면(Pragmatics-PF Interface)

동시연산분석(Parallel Computation Account, PCA)에 따르면 담화의존형 생략은 화용접합면에서 기능순환(순환1)에 의해서 도출되고, 문장의존형 생략은 통사·의미 접합면에서 이중순환 정보구조가설(DC-ISH)에 따라 문법순환(순환2)에 의해서 도출된다. 이번 장에서는 화용-PF 접합면을 다루는데 특히 구정보(givenness) 개념과 Schwarzschild(1999)에서 소개된 구정보(GIVEN ness) 개념을 다룬다. Schwarzschild의 구정보 개념을 기초로 제안된 여러 다른 이론들은 초점구문을 설명할 수 없음을 보여줄 것이다. 즉 이러한 이론들은 단지 담화의존형 생략 구문만을 설명할 수 있고, 문장의존형 생략 구문은 설명할 수 없음을 보여줄 것이다.

3.1. 대용성과 구정보의 전통적 개념

구정보(givenness) 개념은 Halliday(1967)가 최초로 사용했는데, 그에 따르면 구정보는 지시, 대치, 또는 생략에 의해서 대용사적으로 표시되는 경향이 있는 회복이 가능한 정보이다.[10] 그는 생략을 구정보를 나타내는 전형적인 방식으로 간주했다. Kuno(1972, 1978, 1979)는 삭제가능성과 회복가능성을 같은 개념으로 보고 구정보를 정의했다. Chafe(1976)은 현저성(salience) 개념으로, Clark & Haviland(1977)는 공유된 지식으로 각각 구정보를 정의했고, Prince(1981)는 가정된 친밀성, Gundel(1974, 1988, 1999)은 지시적 구정보(referential givenness)로 다루었다.

지시적 구정보 개념은 대용사적 화제(anaphoric topic) 개념을 포함한다. 간단히 말하면, 대용사적 화제는 이미 주어진 정보를 반복한다. (42)의 예문

---

10) "recoverable information that tends to be represented anaphorically by reference, substitution or ellipsis"(Halliday 1967: 206).

을 보자.

(42) a. A: What about John?

B: John married ROSA, but he / [e] didn't really LOVE her.

b. A: Who married Rosa?

B: JOHN married Rosa, but he / *[e] didn't really love her.

대용사적 화제 *he*의 선행사가 (42a)에서와 같이 화제이면 *he*의 생략이 가능하고, (42b)에서처럼 초점이면 대용사적 화제 *he*의 생략이 불가능하다.[11] 초기 생성문법에서는 구정보 개념을 전제(presuppositions)로 다루었다.[12] 즉 초점선택을 하여 초점화된 구성소를 존재 변항으로 대치함으로써 전제 (presupposition)를 도출한다. 예를 들어 (43)과 (44)를 보자.

(43) Someone is going to eat a COOKIE.

a. Someone is going to eat x.

b. $\exists x$ (someone is going to eat x)

(43a)가 보여주듯, 초점화된 구성소를 변항으로 대치한다. 각각 다른 초점선택을 하여 (43)을 다르게 전제한 예문들은 (44)와 같다.

(44) a. $\exists x$ (someone is going to eat x)

[What is someone going to eat?]

---

11) 생략 잔여분과 관련하여 화제에 관한 자세한 논의는 Molnar(1998)을 참조하라.

12) Chomsky(1972), Jackendoff(1972), Akmajian(1973), Williams(1980), Jacobs(1983a), Kratzer(1991), Zubizarreta(1998)를 참조하라.

b. ∃x (someone is going to do x)

   [What is someone going to do?]

c. ∃x (x is happening next)

   [What is happening next?]

적절한 질문-답변 상황에서, 각각의 답변은 질문에 적합한 답으로 초점선택을 할 수 있어야 한다. 그러나 (45)에서와 같이 초점이 전제한 내용을 포함하는 문제가 발생한다.

(45) a. What is going to happen to the cookie?

      ∃x (x is going to happen to the cookie)

   b. Someone is going to EAT it.

(45b)에 주어진 답변은 일반적인 정보초점을 가진다. 그렇다면 여기서 두 가지 문제가 발생한다. 첫째는 변항이 구성소가 아닌 것을 대치하고 둘째로 초점이 전제한 구성소를 포함한다.[13]

Rochemont(1986)는 문맥-해석가능성(c(ontext)-construability) 개념으로 전제의 문제를 해결하려고 했다. 여기서 의미적 선행사는 함축관계(entailment relation)로 정의된다.

(46) P는 담화 δ안에 의미적 선행사가 있으면 문맥에서 해석이

     가능하다.

지금까지 구정보 용어에 대한 기존의 연구들을 간단히 살펴봤는데, 구정

---

13) 이러한 문제점들은 앞에서 제시한 동시연산분석(PCA)으로 설명할 수 있다.

보와 신정보의 대조적인 개념이 용어적으로 다양하게 정의된 것을 알 수 있다. Schwarzschild(1999)는 문법이론에서 구정보(GIVENness) 개념이 초점보다 더 원초적인 개념이라고 주장한다. 그런데 이러한 주장은 이론적으로나 경험적으로 문제가 있다.

3.2. 구정보(GIVENness)

Schwarzschild(1999)는 구정보(GIVENness)를 문법의 핵심 개념으로 다루었지만, 신정보(novelty)와는 별개로 다루어 다음과 같이 정의했다.

(47) 초점표시가 되는 않는 구성소는 구정보이다.

아래 예문에서 *him*이 초점표시가 되지 않은 것을 설명하기 위해서 (49)에서와 같은 신정보(Novelty)조건을 제안했다.

(48) A: What did John's mother do?
    B: She [[PRAISED]_F him]_F

(49) 신정보(NOVELTY):
    만얀 한 구성소가 초점표시가 되면, 그것은 구정보가 아니다.

그러나 (49)와 같은 신정보 조건이 (50)과 같은 문장을 설명할 수 없기 때문에서 대안으로 (51)과 같은 조건을 제시했다.

(50) A: Who did John's mother praise?
    B: She praised [HIM]_F

(51) AVOIDF:
　　구정보 조건을 어기지 않기 위해서 초점표시를 가능한 최소
　　화하라.

따라서 (50B)에서 초점표시된 HIM이 신정보일 필요는 없다.
Schwarzschild는 두 개의 다른 규칙이 필요했는데, 하나는 FOC(us) 조건이고
다른 하나는 HEADARG 조건이다. 이 둘의 정의는 아래와 같다.

(52) a. FOC: 초점표시가 된 구는 강세를 받는다.
　　　 b. HEADARG: 핵은 자신의 내재논항보다 덜 돌출적이다.

(52)에 따르면 초점표시된 구절이 강세를 받고, 그 강세는 내재논항에서
실현된다. 단 강세가 실현되는 내재논항이 구정보가 아닐 때에만 가능하
다.[14] 그러나 내재논항이 구정보라면, 국면핵돌출규칙(Phrasal Head
Prominence Rule, PHPR)에 의해서 국면의 핵이 돌출되어야 한다. 제약조건
들을 정리해 보면 아래와 같다.

(53) GIVENness: 초점표시 되지 않은 구성소는 구정보이다.
　　 AVOIDF: 초점표시를 피하라.
　　 FOC: 초점표시된 구절은 강세를 포함한다.
　　 HEADARG: 핵은 내재논항보다 덜 돌출적이다.

GIVENness와 FOC는 규칙순서에 무관한 것으로 보고, GIVENness 조건

---

14) (52b)는 오랫동안 논의되어진 초점투사의 핵-논항 비대칭현상과 같은 맥락에 있
　　다. Gussenhoven(1992), Drubig(1994, 2003), Selkirk(1995), Winker(1996), Jacobs(1999)
　　를 참조하라.

을 빼고 다음과 같이 규칙의 순서를 제안했다.

(54) FOC >> AVOIDF >> HEADARG

3.3. 구정보(GIVENness)의 문제점

구정보(GIVENness) 개념은 개념적으로나 경험적으로 몇 가지 문제가 있다. 먼저 개념적 문제점들을 살펴보자.

구정보 개념이 통일성이 없다. Schwarzschild는 지시(reference)의 여러 유형들을 구분하지 않고 대용사와 의미적 함의(semantic entailment)로만 구정보 개념을 정의하기 때문에, 유형 대비 표시 지시(reference of type vs. token) 문제가 있다. 앞의 (48)과 (55)를 비교해 보자.

(48) A: What did John$_i$'s mother do?
 B: She [[PRAISED]$_F$ him]$_F$

(55) A: John ate a green apple.
 B: No, he ate a [RED]$_F$ apple.

(48)과 (55)에 나타나는 구정보는 유형이 다르다. (48)에서는 *him*의 구정보가 *him*과 *John*의 지시동일성(referential identity)에 기초한다. 반면 (55)에서는 *apple*의 구정보가 유형동일성(type identity)에 의해서 정의된다. 그런데 Schwarzschild의 구정보 개념에서 함의관계는 지시동일성을 뜻하기 때문에 (55)와 같은 유형동일성을 설명할 수 없다.15)

---

15) Csuri(1996)에 따르면 one-대용사로 유형 동일성이 관련했는지의 여부를 시험할 수 있다.

유형 대비 표시 지시성(reference of type vs. token) 문제를 언급하지 않고 구정보 개념을 다룰 때 문제가 발생한다.

(56) a. If a MAN owns a DONKEY$_i$, his WIFE owns a donkey$_j$.
b. If a MAN owns a DONKEY$_i$, his WIFE owns a MULE$_j$.

Schwarzschild는 지표(indices)와 구정보가 관련이 있으며 대용사적인 표현이 유사한 지표를 가진 선행사를 가지고 있다면 구정보로 인정한다고 제안했다. 그런데 이 제안은 (56a)와 같은 경우를 설명할 수 없다. 즉, 두 번째 *a donkey*는 첫 번째 *a donkey*와 다른 지표를 가짐에도 불구하고 강세를 받지 않고 구정보로 처리된다. 따라서 구정보(GIVEN)와 함의에 대한 Schwarzschild의 정의는 유형(type) 또는 특성(property) 해석을 포함해야 한다. 강세를 받지 않는 두 번째로 나오는 표현이 대용사적으로 사용되면서 선행어구의 서술적 내용을 다시 활성화시키는 기능을 한다. 따라서 선행사는 개별변항(individual variable)일 수 없고, 두 번째 발화되는 어구에 접근이 가능한 특성변항(property variable)이어야 한다. 전통적으로는 구정보 개념을 문맥에서 같은 지시어를 골라내는 것으로 보았다. 그러나 함의를 정의할 때 비강세화가 표시동일성(token identity)과 유형동일성(type identity) 둘 다에 의존적이라는 사실을 고려해야 한다.

(i) A: John ate a green apple.
B: Today, he ate a [RED]$_F$ one.

(48b)의 *him*은 지시대용사(referential anaphora)이고, (iB)의 *one*은 기술적 내용이나 유형을 나타내는 서술대용사(descriptional anaphora)이다.

초점을 설명할 때 통사부의 역할을 무시해서는 안 된다. Schwarzschild는 화용부, 초점표시, PF(강세표시)가 서로 직접적으로 관계가 있다고 가정하고, (47)의 규칙을 제안했다. 그런데 이것은 통사적 이동으로 인해서 SSI의 정보구조가 바뀌는 것을 고려하지 않는 것이다. 초점화, 강세화, 비강세화에 대한 포괄적인 설명은 자연언어의 연산체계에서 일어나는 과정을 무시해서는 안된다.

초점은 해석을 받아야만 한다. Schwarzschild는 정보구조에서 통사부와의 관련성을 무시하기 때문에 초점이 해석을 받지 않는다는 즉각적인 결과를 초래한다. 본고에서 다루는 문법모델은 연산체계에 들어온 정보를 해석하고, 만약 점검할 형식자질이 있을 경우는 재해석을 하는 초점해석이 SSI에서 일어난다. 그러나 Schwarzschild와 같이, 통사부와 SSI의 관련성을 무시하고, 화용-PF 접합면만을 강조한다면, 초점해석이 일어나는 접합면은 고려조차 하지 않는 것이다. 즉 Schwarzschild의 구정보는 화용부의 해석만을 받는 것으로 부분적인 설명 밖에 안 된다. 그런데 이것은 초점이 해석되어져야만 한다는 일반적인 직관에 반한다.

Schwarzschild는 기능순환(cycle1)에 의해서 신징보 초짐으로 해식되는 경우만을 설명할 수 있다. Schwarzschild와 같은 분석들은 문법순환(cycle2)을 통한 모든 도출, 즉 이동이나 장거리 일치가 일어나서 SSI에서 대조적 초점이나 대조적 화제로 해석되는 것들은 다룰 수 없다. 통사적 관점에서 보면, 대조적 초점과 화제는 통사-의미 접합면 현상이기 때문에 SSI에서 해석되어야 한다. (55)에 주어진 대조적 초점의 예문을 보자. Schwarzschild에 따르면 (55B)는 (55A)에 의해서 함의된다. 즉, 초점화된 요소를 변항으로 대치함으로써, *He ate a Y apple*이 (57)과 같은 함의관계를 가지게 된다.

(57) a. $\exists x$ [x ate a green apple] ENTAILS $\exists Y$ $\exists x$ [x ate a Y apple]

b. John ate a green apple ENTAILS $\exists Y$ [$\exists x$ [(Y apple)(x)]]

Schwarzchild는 *red*를 대조적 초점으로 재분석하고, *apple*의 비강세화를 설명했다. 대조적 초점은 신정보 초점과 상보적인 개념으로, Rochemont(1986)은 제시적 초점(presentational focus)으로 불렀다. 표현 P가 문맥-해석적이지 않거나, 구정보가 아니거나 담화와 관련(d-linked)이 없을 경우에만 정보초점이다. 반면 초점을 받는 요소를 제외한 모든 것들이 문맥 해석적이거나 구정보일 때 대조적 초점이 일어난다. 그러나 발화 전체는 문맥-해석적이지 않거나 구정보가 아닐 수도 있다. 즉 초점을 받는 요소 자체에 대한 구체적인 정보위상은 결정하지 않는다. 구정보일 수도 있고 신정보 일 수도 있고 그 중간 일 수도 있다.

초점해석을 포함하지 않는 제안들은 영어의 대조적 초점과 정보적 초점과 관련된 상당한 자료들을 설명할 수 없다.[16) 먼저, Schwarzchild의 분석은 전통적으로 대조적 초점으로 분석된 경우들을 설명하기 위해서 수정되어져야 한다. 다음 예문을 보자.

(58) John drove Mary's red convertible. What did he drive before that?

A: He drove her [BLUE]$_F$ convertible.

(58)과 (55)에서 초점화된 요소를 결속변항으로 대치하면 *[He drove her Y*

---

16) Costa(2000), Drubig(1994, 2003), Epee(1975, 1976), Horvath(1995), Kiss(1998) 등을 참조하라.

*convertible]*과 *[John ate a Y apple]*과 같은 구정보 형식을 얻게 된다. 흥미롭게도 두 경우 모두 초점화된 요소의 정보 상태는 신정보(novelty)이다.

그러나 (59)의 경우는 그렇지 않다.

(59) A: Bill's financial situation is a source of constant concern to
Mary.

B: Bill's financial situation is a source of constant concern to
BILL.

(59)에서 초점 자체가 신정보를 나타내지 않는데 이것이 문제가 된다. 즉 돌출이 없으면 구정보를 나타내지만, 돌출이 반드시 신정보를 나타내지는 않기 때문이다. 반면 Rochemont의 분석에서는 대조적 초점과 정보적 초점을 구별하기 때문에 이 같은 비대칭 현상이 문제가 되지 않는다. 이제 Schwarzschild 제안의 경험적인 문제점들을 살펴보자.

Bush(2000)는 Schwarzschild가 설명하기 어려운 두 경우를 지적했다. 하나는 선행사가 병렬명사구(conjoined NPs)를 포함하며 또 하나는 분리의문문 (disjunctive question)의 경우이다. 우선 병렬명사구를 보자.

(60) There was a cat and a dog in the room. Mary came in, and
you know what she did?
a. She [kicked the DOG]$_F$
b. #She [KICKED the dog]$_F$

Schwarzschild에 따르면 목적어 *the dog*가 비강세로 예측되는데, (60b)가 보여주듯이 이러한 예측은 옳지 않다. 목적어는 구정보임에도 불구하고 강세이다. (60a)와 (60b)의 차이를 어떻게 설명할 수 있을까? (60)의 예문은 의문문 "...and you know what she did?"의 대답으로 동사구 전체에 초점이 가는 것이다. 이와 같은 해석은 두 개의 다른 억양음조(intonational contours)와 연관이 있다. kicked의 비강세와 DOG의 내림(fall) 강세와 직접적인 관련이 있다. Mary가 방에 들어오면서 할 수 있는 가능한 것들 중에서 kick the DOG가 가장 놀랄만한 것이다. 같은 억양패턴이 다른 가능한 동사구와의 대조적 해석을 허용한다. 즉 Mary's kicking of the DOG는 다른 가능한 사건들, 예를 들면 hitting the CAT, pinching the HORSE와 같은 것들과 대조를 이룬다. (60a)의 세 번째 해석은 kicked는 올림(rise), dog은 내림(fall)으로 대조적 화제구조를 이룬다. 이러한 해석은 (60c)와 같이 문장을 완성함으로써 얻어질 수 있다.

(60) c. She/kicked the DOG \ .(And then she/ patted the CAT \ ).

(60b)의 억양이 부적절하다는 것은 정보구조이론이 구정보(givenness) 이외의 다른 관계들도 설명해야 한다는 것을 보여준다. Schwarzschild는 구정보 개념만을 기초로 하기 때문에, (60)의 다양한 해석, 즉 단언성(theticity), 대조성, 대조적 화제를 설명할 수 없다.

이제 두 번째 문제점으로 분리(disjunctive) 의문문을 살펴보자. 예문 (61)과 (62)를 보자.

(61) Q: Did Karen get the money or did Marc get the money?
　　　a. KAREN got the money.
　　　b. *Karen got the MONEY.

(62) Q: Did you see JOHN or did you see PETER?

    a. I saw PETER.

    b. *I SAW Peter.

여기서 문제는 분리의문문의 첫 번째나 두 번째 의문문이 대답을 위한 선행문으로 사용될 수 없는 가이다. 즉 (61)에서 첫 번째 질문 *Did Karen get the money*가 (61a,b)의 질문으로 사용될 수 없으며, (62)의 경우 두 번째 질문 *Did you see Peter*가 (62a,b)의 질문으로 사용될 수 없는 가이다. 더욱이, Schwarzschild는 b 문장들을 옳은 문장으로 잘못 예측한다. 지금까지의 논의를 정리하면 Schwarzschild는 초점을 대조적 초점이나 대조적 화제로 해석해야 하는 경우를 설명할 수 없는 한계가 있다.

또 다른 문제는 통사적 이동과 해석문제이다. Schwarzschild는 통사적 이동과 관련된 초점, 화제, 구정보(givenness) 표시를 설명할 수 없다. 즉 통사적 이동으로 인해서 어떤 특정한 통사적 해석을 해야 하는 경우를 설명할 수 없다. 이것은 화용-PF 접합면만을 강조하고, 통사부와 SSI의 관계성을 고려하지 않았기 때문에 초래한 당연한 결과이다.

통사적 이동으로 인해서 표층의미해석과 억양이 다르게 실현되는 두 종류의 예문들을 보자. 구정보(GIVENness) 개념만으로는 적절한 의미 해석을 할 수 없기 때문에 대조적 초점이나 대조적 화제와 같은 개념들을 사용해야 한다. (63)에서는 *DP macademia nuts*가, (64)의 경우는 *VP eat macademia nuts*가 문장의 왼쪽주변으로 이동했다.

(63) He put the macademia nuts on the table.

    a. [The MACADEMIA $\setminus$/ NUTS]$_i$, he put t$_i$ on the TABLE $\setminus$.

    b. [The MACADEMIA NUTS $\setminus$], he put t$_i$ on the table.

(64) Jane claimed that Anna wouldn't eat MACADEMIA NUTS\,

    a. and [$_{VP}$ eat MACADEMIA \ / NUTS]$_i$, Anna WOULDN'T \ t$_i$.

    b. and [$_{VP}$ ~~eat MACADEMIA \ / NUTS~~]$_i$, Anna WOULDN'T \ t$_i$.

Gundel(1988)은 (63a)를 화제 화제화(topic topicalization)로 (63b)를 초점 화제화(focus topicalization)로 지칭했다. (63a)에서 *macademia nuts*는 내림-올림 (fall-rise) 강세로 실현되고(H*L'H%,) 대조적 화제로 분석되며, *table*의 내림 (fall) 강세는 초점으로 분석된다. (63a)는 암시적으로나 외현적으로 대조를 나타내야 한다. 예를 들면, "*but the walnuts he put on the shelf*"와 같다. (63b)에서 문장 앞으로 이동한 *macademia nuts*는 내림(fall)강세로 실현되며 대조적 초점으로 분석된다. 여기서 중요한 것은 (63a)와 (63b)가 억양의 차이가 있다는 것이다. (63a)와 (63b) 둘 다 앞으로 이동을 했지만, (63a)는 대조적 화제해석을, (63b)는 대조적 초점해석을 받는다. 그런데 Schwarzschild는 이와 같은 의미의 차이를 설명할 수 없다.

(64a,b)는 Schwarzschild의 구정보 개념에 더 심각한 문제를 야기한다. (64a)는 전형적인 VP-화제화 문장이고, (64b)는 VP-화제화로부터 동사구-생략이 일어난 문장이다. (64a)에서 전치된 동사구가 구정보임에도 불구하고 고저(pitch)를 가지는데, 동일한 구조의 (64b) 문장은 그렇지 않다. 구정보 (GIVENness) 개념은 (63)과 (64)가 보여주는 차이점을 설명할 수 없다.

마지막으로 Schwarzschild는 통사적 이동과 관련된 구정보 표시 구조 (Givenness Marking Constructions)의 여러 가지 해석들을 설명할 수 없다. 일반적으로 언어는 구정보 표시를 위해서 두 가지 전략을 사용한다. 하나는 대용사 비강세화나 삭제와 같은 음운론적 삭제(reduction)이며, 또 다른 하나는 정보초점 영역으로부터 담화관련(d-linked)된 요소를 이동하는 것이다. 이동의 경우는 의미적으로 도출된 이동과 운율적으로 도출된 이동이다. 의미적으로 도출된 이동은 뒤섞기(scrambling), 목적어이동, 양화사인상과 같은 것이며, 운율적으로 도출된 이동은 로망스어의 p-이동과 같이 문장 오른쪽 주변에 있는 초점자리로부터 이동하는 것이다.[17]

　　지금까지의 주장은 정보구조 분석이 담화 요소들과의 관계성 뿐 아니라, SSI와 PF의 관계성을 고려해야만 한다는 것이다. 이제 생략과 정보구조를 살펴보자. VP생략(VP-ellipsis, VPE)과 수문(sluicing(IPE))을 화용부에서 다루는 두 개의 제안을 살펴보겠다. 먼저 Merchant(2001)의 제안을 살펴보고, 이어서 Rooth(1992a)의 제안을 다루겠다.

3.4. 구정보(E-GIVENness) and VP/IP-생략

　　Merchant(2001)는 수문(sluicing)이라고도 지칭되는 IP-생략구문을 PF-삭제로 설명했다. 그의 제안은 생략된 자리에 완전한 통사적 구조가 있다는 초기 통사적 삭제가정(Ross(1969a))을 기초로 했다. 그는 IP-생략구문의 인허조건으로 의미적 동일성을 제안하고, 궁극적으로 IP-생략과 VP-생략이 삭제와 비강세화에 대한 의미적 제약조건의 관점에서 볼 때 비슷하다고 주장했다. 이러한 주장은 선행사와 생략된 VP 사이에 통사석 동일성을 가성하는 기존의 제안들을(Rooth 1992a, Fiengo & May 1992, 1994) 거부하고 상호 함의관계를 바탕으로 정의되는 의미적 또는 화용적 조건을 제안했다. 상호 함의관계를 구정보 개념에 포함시킴으로써 생략에 대한 통사적 동일성 조건이 야기했던 문제들을 제거할 수 있었다. 이 장에서는 의미/화용부와 PF의 관계성을 다루기 때문에, 생략에 대한 동일성 조건을 좀 더 자세히 살펴보자.

　　Merchant는 IP-삭제를 설명하기 위해서 (65)와 (66)과 같은 조건들을 제안했다.

---

17) Zubizarreta(1998), Winkler and Gobbel(2002)를 참조하라.

(65) VP생략 조건[18]

　　동사구 α는 구정보 구성소이거나 구정보 구성소 안에 포함될 때만 삭제될 수 있다.

(66) VP생략의 초점조건

　　동사구 α는 α가 구정보(e-GIVEN)일 때만 삭제될 수 있다.[19]

e-GIVENness는 생략구절(VP/IP)과 선행사 사이에 상호적 함의관계가 있어야 할 것을 요구하며, e-GIVEN으로 간주되면 생략할 수 있다. 즉 함의관계는 양방적이다. 생략된 VP는 선행사 VP에 의해서 함의되어야 하고, 선행사 VP는 생략된 VP에 의해서 함의되어야 한다. 아래와 같은 대조적 현상을 보자.

(67)　a. ABBY called Chuck an IDIOT after BEN did ~~call Chuck an idiot~~.

　　　b. *ABBY called Chuck an IDIOT after BEN did ~~insult Chuck~~.

(67a)에서는 생략이 허용되고, (67b)에서는 생략이 허용되지 않기 위해서는, (67a)에서 생략된 VP는 e-GIVEN이고 반면 (67b)에서 생략된 VP는 e-GIVEN이 아니라는 것을 보여주어야만 한다. (67a)의 경우는 (68)에서와 같이 이러한 함의관계를 보여준다.[20]

---

18) A VP α can be deleted only if α is or is contained in a constituent that is GIVEN (Merchant 2001:14).

19) A VP α can be deleted only if α is e-GIVEN (Merchant 2001:26).

20) VP(A) stands for an antecedent VP.

(68) a. VP(A) $=$ $\exists$x, x called Chuck an idiot

b. F-closure VPE $=$ $\exists$x, x called Chuck an idiot

두 VP가 동일하기 때문에 VPE가 VP(A)의 초점폐쇄(F-closure)를 당연히 함의한다. 그러나 (67b)의 경우는 그렇지 않다. (67a)의 VP(A)의 초점폐쇄는 같지만, (69)가 보여주듯이 VPE의 초점폐쇄는 다르다.

(69) F-closure VPE $=$ $\exists$x, x insulted Chuck

(67b)에서 VP생략이 불가능한 이유는 유형전환(type-shifted)으로 인한 VP생략이 선행 동사구의 초점폐쇄를 함의하지 않기 때문이다. 다시 말해, 비강세화에만 중점을 둔 조건을 양방으로, 즉 선행사구에서부터 VPE로 또한 VPE로부터 선행사구로 강화해야 한다.

Merchant의 제안은 (70)에 주어진 전형적인 유형변화를 잘 설명할 수 있다.

(70) a. *They arrested Alex$_i$, though he$_i$ thought they WOULDN'T *arrest Alex$_i$.*

b. They arrested Alex$_i$, though he$_i$ thought they WOULDN'T *arrest him$_i$.*

상호적 함의관계에 따르면 (70b)에서와 같이 *Alex*가 *him*과 같은 대명사로 지칭될 때만 삭제가 일어난다는 것을 예측할 수 있다. (70a)는 결속조건 C위배로 비문이다. 즉 Merchant의 상호적 함의는 특별히 다른 어떤 장치를 필요로 하지 않으면서 바꿔타기(vehicle change(Fiengo & May 1994))를 예측한다.

Merchant의 제안은 기존의 제안들과 같이, 삭제가 일어나는 지점인 PF와 초점조건이 적용되는 해석 지점이 동일하지 않다는 문제를 다루어야 한다. 다음과 같은 두 질문으로 표현할 수 있다. 첫째는 상호적 함의에 따른 제안이 어떤 종류의 생략구문들을 설명할 수 있는가? 둘째는 비강세화가 삭제의 전제조건인가?

두 번째 질문을 먼저 보자. 구성소 β의 비강세화는 선행구 α가 β와 같은 지칭이거나 β를 함의할 때이다. 반면 구성소 β의 삭제는 α가 β를 함의하거나, β가 α를 함의할 때 일어날 수 있다. 이와 같은 예측은 (71b)의 경우는 맞는데, (71a)의 경우는 틀리다. 여기서 화제화된 VP가 구정보임에도 불구하고 강세를 받는다.

(71) Jane claimed that Anna wouldn't eat MACADEMIA NUTs $\setminus$,

    a. and [$_{VP}$ eat MACADEMIDA $\setminus$/NUTS]$_i$, Anna WOULDN'T $\setminus$ t$_i$.

    b. and [$_{VP}$ ~~eat MACADEMIDA $\setminus$/NUTS~~]$_i$, Anna WOULDN'T $\setminus$ tv.

(71)과 같은 예문은 Merchant의 e-GIVENness나 Schwarzschild의 GIVENness 제안이 전형적인 어순을 가진 문장들만 설명할 수 있다는 것을 보여준다. 통사적 이동을 포함하는 문장들은 설명할 수 없다.

이제 e-GIVENness의 첫 번째 문제인 어떤 종류의 생략구문을 설명하는가를 아래 예문을 가지고 다시 보자.

(72) a. [The MACADEMIA $\setminus$/ NUTS]$_i$, he put t$_i$ on the TABLE $\setminus$.

    b. [The MACADEMIA /NUTS]$_i$ he put t$_i$ on the table.

(73) a. The MACADEMIA NUTS he put on the TABLE, and the
WALNUTS on the SHELF.

b. The MACADEMIA NUTS he put on the table, and the
WALNUTS, TOO.

구정보(e-GIVENness) 제안은 정보구조가 한 구성소를 구정보로 정의할
수 있는 생략구문에만 적용된다. 담화의존형 생략의 경우가 여기 적용된다.
그러나 (73a)의 공백화(gapping)와 (73b)의 탈피(stripping)의 정보구조 기능은
하나 또는 그 이상의 잔여물들을 분리하는 것이다. 따라서 구정보 개념은 담
화의존형 생략만을 설명할 수 있고, 공백화나 탈피와 같은 문장의존형 생략
은 설명할 수 없다. 더욱이 (72) 문장의 분석은 (73) 문장의 분석과 연관이 있
어야 한다. (72a)의 화제-화제화는 (73a)의 공백화와, (72b)의 초점-화제화는
(73b)의 탈피와 연관이 있어야 한다. 그러나 이러한 관계성은 SSI에서 이동한
구성소의 강세해석과 구정보 유형에 따른 다양한 해석을 고려하는 정보구조
의 포괄적인 통사이론으로만 포착할 수 있다.

지금까지의 논의를 정리하면 다음과 같다. 구정보(e-GIVENness)를 포함
한 양방향적 함의관계는 구조적 동일성(isomorphism) 조건을 피하면서, 삭제
에 대한 동일성조건을 기술하는 좋은 방법을 제시한다. 그러나 양방향적 함
의가설은 비강세화된, 혹은 제거된 구성소를 구정보로 표기하는 경우, 즉
VP/IP-생략과 같은 담화의존형 생략의 경우만 설명할 수 있다. 또한 한 구성
소가 다른 구성소를 함의한다고 하는 것이 무엇을 의미하는지 정확하지 않
다. 함의개념은 화용/의미론적인 개념으로 엄격한 의미로 보면, 대용사 관계
를 언급할 때 포함될 수 없다. 대용성, 구정보, 비강세화를 문맥에서 접근가
능성 개념과 어떻게 연결하는 가의 연구가 이러한 개념들을 분리하는데 도움
이 된다. 마지막으로, 구정보(e-GIVENness)는 강세를 받는 구성소의 회제나

초점해석에 대해서는 전혀 언급할 수 없다. 즉 생략의 경우 잔여물의 상태(초점, 화제, 등)에 대한 예측이 불가능하다. 생략된 자리에서부터 이동해 나온 요소들도 때로는 초점표시가 가능하다는 것을 Merchant는 설명할 수 없다.

3.5. 대조성과 VP생략

Rooth(1992a)는 VP-생략을 초점분석으로 설명했다. 그의 제안은 두 가지 관찰에 기초하는데, 첫 째는 VP-생략이 잉여적 정보를 표현하는 화용론적 기능을 가진다는 것이고, 다른 하나는 잉여정보가 (74a)에서와 같이 주어의 대조적 초점을 인허한다는 것이다. (74b)는 (74a)의 LF형태이다.

(74) a. First John came up with a good idea, then $[MARY \setminus]_F$ did
        $[_{VP}$ e$]$
      b. $[_S[_S$ First, John $[_{VP}$ come up with a good idea$]]_1$, and then
        $[_S[_S$ Mary$_F$ did $[_{VP}$ ~~come up with a good idea~~$]]$ ~1$]]$

(74a)의 VP-생략에서 *Mary*에 있는 초점자질이 (74b)에서와 같이 LF에서 초점운용소(~)에 의해서 해석된다고 가정할 수 있다. 초점운용소는 이격(two-place) 운용소로 외현적 통사논항뿐 아니라, 비외현적 논항인 초점화된 구절을 택한다.[21] 초점대용사를 지표(indexing)로 표현함으로써 두 구절의 상호관련성을 나타낸다.

초점과 잉여성이 초점운용소(~)에 의해서 두 번째 병렬문장에서 연산되어, "*x came up with a good idea*"라는 명제를 도출하고, 그런 후 첫 번째 병렬문장의 명제 점검을 받는다. 동시에 두 번째 병렬문장에서 비잉여적인 부분이, 여기서는 *Mary*인데, 대조적 초점으로 인식되고, 첫 번째 병렬문장에서 그

---

21) 다른 외현 구절에 상응하는 명제 변항이다.

에 상응하는 요소를 찾는다. 여기서는 *John*이다.

Rooth의 제안은 대칭적 초점(symmetric focus)과 비강세화라는 문제에 당면한다. 두 번째 병렬문장에서 작용하는 운용소에 의한 초점과 잉여성 해석과정은 병렬문장에서 선행사와 복사가 평행한 초점이나 잉여성 해석을 받는다는 것을 전제로 한다. Rooth의 제안에 따르면 잔여주어를 대조적 초점으로 표시하고, 첫 번째 병렬문장의 선행구 VP가 평행조건을 따르고 주어가 대조적 초점을 받으면 비강세 해석을 받아야 한다고 예측된다.

본서에서는 Rooth와는 반대로, VP-생략에서 초점과 비강세화가 비대칭임을 제안한다. 특히 VP-생략의 기능이 주어의 대조성을 나타내기 위한 것이 아니라, 유사한 형태의 사건을 담화관련으로 표시하기 위한 것임을 제안한다. 이러한 제안은 몇 가지 결과를 암시한다. 첫째는, VP-생략이 대조적일 수는 있지만 꼭 그래야만 한다는 것은 아니다. 두 번째는, 초점이 반드시 잔여 주어에 나타나야한다는 것은 아니다. 셋째는, 첫 번째 병렬문장에서 VP가 비강세화를 반드시 받을 필요는 없다. 마지막으로, VP-생략이 협의의 초점화된 의문문의 대답으로 나타날 필요가 없고, 제시적 초점구조를 나타내는 wh-의문문의 내답으로 나타나는 것이 일반적이다.

첫째, VP-생략에서 평행 초점들이 (75)가 보여주듯 대조적일 필요는 없다.

(75) A: What happened when?
    a. First a LION \ appeared and then a baby ANTELOPE \ did.
    b. First a STRANGER \ entered the room and then a POLICE MAN \ did.

(75)에서 동사들은 *appearance*동사로 강세를 받는 주어를 제시적 초점

(presentational focus)으로 해석하게 한다.[22]

두 번째로, (76)이 보여주듯이 초점이 VP-생략의 잔여 주어에 나타날 필요는 없다.

(76) a. Anna promised to do the dishes, but she DIDN'T \.

b. I doubted that Ben can swim, but he CAN \.

(76a)에서는 초점이 조동사에, (78b)에서는 양태조동사(modal)에 실현된다. 두 문장에서 주어는 무표적 대명사로 문맥상 화자로 분석할 수 있다.

세 번째로, 첫 번째 병렬문장의 VP가 비강세화를 받을 필요가 없다. 그것은 다양한 초점배당을 받을 수 있다. (77)은 *only*가 선행 VP에서 다양한 초점과 연관이 있으며 VP-생략이 두 번째 병렬문장에서 일어날 수 있음을 보여준다.

(77) a. /JAN has only offered wine to his GUESTS \, but /BEN HASN'T \.

b. /JAN has only offered WINE to his guests, but /BEN HASN'T \.

c. /JAN has only OFFERED wine to his guests, but /BEN HASN'T \.

d. /JAN has only offered wine to HIS guests, but /BEN HASN'T \.

(77)에서 잔여 주어들은 전형적인 화제 강세 L*+H를 받고, 조동사들은

---

22) Gussenhoven(1983, 1992), Selkirk(1995)를 참조하라.

H˚LL%로 표시되는 초점이 주어졌다.

마지막으로 대칭적 초점과 비강세화 주장에 대한 반론으로 VP-생략이 (78)에서와 같이 다중 wh-의문문의 대답으로 신정보 초점해석을 가능하게 한다는 것이다.

(78) a. A1: What did ANNA do?
　　　　B1: She left HOME.
　　　　A2: What did MANNY do?
　　　　B: He DIDN'T.
　　 b. A: Who did what? (Having Anna and Manny in mind)
　　　　B: Anna left HOME \ and Manny DIDN'T \.

통사부를 고려하지 않고 화용-PF 접합면을 다루는 세 가지 이론들을 검토했다. 비강세화를 목표로 하는 Schwarzschild의 구정보(GIVENness) 제안은 생략현상을 설명하기 위해서 수정이 불가피했다. Merchant의 e-GIVENenss 역시 구정보 이론이 가지고 있는 기본적인 문제들을 해결할 수 없있다. 비강세화나 음성정보의 생략이 일어나는 가를 결정하는 규칙들에 중점을 두면서, Schwarzschild, Merchant, Rooth 모두 잉여규칙과 의미적 동일성조건들이 통사부와는 상관없이 화용-PF 접합면에 적용된다고 제안했다. 이와 같은 제안은 공백화와 탈피와 같은 문장의존형 생략을 설명할 수 없음을 지적했다.

4. 통사-PF 접합면(Syntax-Phonology Interface)

이 장에서는 동시연산분석(PCA)에 대한 초기 증거를 통사-PF 접합면의 관점에서 제시하겠다. 통사적 이동이 억양에 직접적인 영향을 준다는 주장을 기조로 음운구조가 국면 단위로 순환적으로 도출되어야 함을 제안한다. 이러한 주장은 Bresnan(1971a)의 핵강세규칙(Nuclear Stress Rule, NSR)과 같은 음운규칙을 순환적으로 적용하는 것과 같은 맥락이다.[23] 본서에서 제안하는 D-모델은 PF가 국면 단위로 순환적으로 도출되어야하며, 정보구조의 기능적인 측면과 문법적인 측면 둘 다에 의존적이라는 주장을 시행하는 문법모델이다. 이중순환 정보구조가설은 일종의 간이역 역할을 하여 들어오는 국면들의 자질들과 소통한다. 만약 국면이 해석자질만을 가지고 있으면, 기능순환이 적용되고, 그 국면이 PF로 넘겨져서 자동적으로 신정보 초점에 강세 배당을 한다. 만약 국면이 비해석자질을 가지고 있으면, 문법순환이 적용되고, 그 국면을 다시 연산체계(C_{HL})로 보내어 거기서 이동이나 장거리 일치에 의해서 비해석자질들이 점검을 받을 수 있게 한다. PF는 이동하는 요소들의 도출과정에 접근이 가능하며, 이러한 요소들에 대조적 화제나 초점을 배당한다. 접합면에서의 업무 부담을 분배한다는 관점에서 보면, 이중순환 정보구조가설은 접합면의 상호관계성을 최소화한다고 볼 수 있다.

4.1. 국면단위의 억양도출

음운구조가 국면단위로 도출되는 D-모델의 결과들을 보자. Chomsky (2006)는 국면의 개념을 접합면 특성들과는 비교적 독립적인 통사적 대상으로 소개했다. 국면은 접합면에서 독립적인 단위로 기능하여 이동이나 그 외의 통사적 운용이 적용된다. 예를 들면 전치, 외치, 유사분열구문과 같은 운용들이 국면인 CP나 vP에는 적용되지만, TP에는 적용되지 않는다. 국면의 정확한 정의가 여전히 과제로 남아 있지만, 연산작용을 통하여 국면이 만들어지고 만들어진 국면의 해석을 위해서 LF와 PF로 보낸다는 기본 가정을 받

---

23) Bresnan(1972a:257)은 "음운 현상들은 순서가 정해진 규칙체계에 의해서 문법적 표시로부터 예측이 가능하다"고 주장했다.

아 드린다.

연산작용의 부담을 줄이기 위해서, PIC가 제안되었다. 즉 한 국면은 그것 바로 아래에 있는 국면의 핵과 가장자리에만 접근이 가능하고, 여기서 가장 자리는 핵의 하나 이상의 지정어 자리로 정의된다. 순환성이 매우 엄격하기 때문에 핵 아래에 있는 국면 α의 내부, 즉 핵의 영역 안을 들여다 볼 수 없다. 따라서 엄격한 순환성이 연산체계에 적용된다.

Legate(1998, 2002)는 국면성(phasehood)을 시험하기 위한 도구로 Bresnan (1972a)의 핵강세규칙(NSR)의 순환적용을 사용했다.[24] Legate의 제안의 문제 점을 보기 전에, 먼저 다음과 같은 문장들을 Bresnan은 어떻게 다루었는지 살펴보자.

> (79) a. George has PLANS to leave.
>
>   b. George has plans to LEAVE.

(79a)는 *plans*에 주강세(primary stress)가 있으며 *George has plans which he intends to leave*라는 의미이고, (79b)는 *leave*에 주강세가 있고, *George is planning to leave*라는 의미이다.[25] (79a,b)의 강세유형은 (80a,b)와 같이 각각 다른 변형 순환에 의해서 도출된다.

---

24) NSR은 vP와 VP를 국면으로 다루었고, "동사구 마지막 자리에 있는 요소가 국면 으로부터 이동할 때는 주요 구강세(primary phrasal stress)를 받고, 동사구 마지막에 있는 요소가 같은 국면 안에서 이동할 때는 구강세를 받지 못한다"는 가정을 기 초로 한다(Bresnan 2002:11).

25) Bresnan은 (79a)가 NSR의 예외적인 문장이기는 하지만 다음과 같은 가정을 받아드 리면, NSR을 수정하지 않고도 예측이 가능한 문장이라고 주장했다. 그 가정은 "NSR은 각 순환에서 통사적 변형들이 적용된 다음에 적용된다"는 것이다(Bresnan 1971a:259).

(80) a. [s George has [NP plans [to leave plans]]]

George	has	plans	to	leave	plans	
1	1	1		1	1	Main Stress Rule
				2	1	NSR (1st cycle)
					0	syntax(2nd cycle)
2	2	1		3		NSR (3rd cycle)

b. [s George has [NP plans [s to leave]]]

George	has	plans	to	leave	
1	1	1		1	Main Stress Rule
				1	NSR (1st cycle)
		2		1	NSR (2nd cycle)
2	2	3		1	NSR (3rd cycle)

Bresnan은 (80a,b)에서 강세가 다르게 주어지는 이유는 심층구조가 다르기 때문이라고 주장했다. (80a)에서 내포문이 목적어 *plans*를 가지며, 첫 번째 변형순환에서 이 목적어에 주강세가 주어지며, 두 번째 순환에서 동일조건에 의해서 삭제된다. 세 번째 순환에서 주강세가 주절의 가장 오른쪽에 있는 요소에 주어진다. (80b)에서는 심층구조와 표층구조가 동일하다. 따라서 NSR에 의해서 각각의 순환에서 문장의 맨 마지막 요소에 주강세가 주어진다.

Legate(1998)는 첫 번째 순환에서 NSR에 의해서 주강세가 (80a)의 *plans*에 주어지면 이동하는 동안 그 주강세가 그대로 유지된다고 제안했다. 그리고 NSR이 vP 국면에 적용된다고 (81)과 같이 제안했다.

(81) NSR의 vP 적용 :

a. The parable shows what$_i$ (suffering men) can CREATE t$_i$.

b. The parable shows (what SUFFERING)$_i$ men can create t$_i$.

(81a)에서 NSR에 의해서 고저강세(pitch accent)가 동사에 주어지고, (81b)

에서는 고저강세가 wh-구의 핵명사인 *suffering*에 주어진다.[26] 그러나 명사 *suffering*이 고저강세를 받는다는 가정은 PIC에 문제가 된다. PIC에 의하면 국면의 핵과 가장자리에서만 다음 연산이 가능하기 때문이다. 즉 (81b)에서 NSR에 의해서 첫 번째 순환에서 wh-구가 제자리에 있을 때 *suffering*에 고저강세를 주어진다. 그러나 다음 이동을 위해서 다음 국면이 가시적이기 위해서는, wh-구가 CP의 가장자리로 이동하기 전에 vP의 가장자리로 이동해야 한다. 그런데 wh-구가 vP의 가장 오른쪽 자리에 있는 것이 아니기 때문에 NSR에 의해서 주강세가 주어질 수 없다. Legate은 이 문제에 대한 해결책을 제시하지 못했다.

이중순환 정보구조가설은 NSR의 순환적 적용과 PIC 사이에서 충돌하는 문제를 해결할 수 있고, 통사적 이동이 PF에 즉각적인 영향을 미친다. 억양 (intonation)의 도출은 국면 단위로 이루어진다. 즉 PCA에서 제안했듯이, 통사부문, LF의 하위부분인 SSI, PF가 동시에 작용한다. Chomsky(2001)는 국면이 LF로 보내지기 전에 통사부와 PF만이 동시에 작용한다고 주장했는데, 여기서 우리는 통사부가 국면단위로 SSI와 직접적으로 소통하고, 이중순환 정보구조가설에 의해서 언산체셰로부터 들어오는 국민들이 PF로 보내지기 전에 이중으로 소통한다고 제안한다. 국면 α에 [F]/[T]자질이 없으면, α(vP)는 PF로 바로 보내져서 국면핵돌출규칙(PHPR)이 적용된다(cycle1). 반면, α에 [F]/[T]자질이 있는 구가 있으면, 자질점검을 위해서 그 구절을 vP/CP의 가장자리로 이동시킨다(cycle2). 그리고 PF에서 PAAR(Pitch Accent Assignment Rule)이 이동한 요소에 적용된다. 여기서 이동한 요소가 SSI에 직접적인 영향을 미치며, PF와 작용을 하는 것을 주목하라. 정리하면, (82)에서와 같이 세

---

26) 고저강세가 what과 같은 부정어(indefinites)에 주어지지 않는다는 가정을 기초로 한다.

개의 도출과정이 통사부, SSI, PF의 부담을 각각 나누어 담당한다.

(82) 통사-PF 접합면: 도출 알고리듬
　　　1단계: C_{HL}이 국면 α를 도출하여 그것을 SSI로 보낸다. 거기
　　　　　　서 DC-ISH에 따라 국면들과 교신한다(channels).
　　　　　(i) 순환1: 형식자질을 포함하지 않은 국면들은 PF로
　　　　　　　바로 보낸다.
　　　　　(ii) 순환2: 형식자질을 포함한 국면들은 자질들이 이
　　　　　　　동이나 장거리일치로 모두 제거될 때까지 다시
　　　　　　　C_{HL}로 보낸다.
　　　2단계: 순환1 국면의 PF-해석:
　　　　　　PHPR이 PF에서 순환1 국면들에 적용된다.
　　　3단계: 순환2 국면의 PF-해석:
　　　　　　대조적 초점/화제(CF/CT)를 위한 PAAR이 PF에서 순
　　　　　　환2 국면들에 적용된다.

Chomsky(2000)에서는 비해석자질이 PF에서 가시적으로 남아있고, 동시에 삭제된 자질은 LF에서 비가시적이다. 그런데 DH-ISH에서는 삭제된 자질이 LF에서 비가시적이며 연산에 접근할 수 없고 PF에만 접근할 수 있다는 문제가 일어나지 않는다.

국면 단위로 도출이 이루어진다는 주장을 위해서, 통사부, SSI, 그리고 PF 사이에 작업이 어떻게 분배되는지를 보여주었다. 특히 PHPR이 정보초점 영역을 표시하는 국면에 어떻게 현저성(prominence)을 표시하는지, PF에서 PAAR이 어떻게 대조적 초점이나 대조적 화제에서 현저성을 표시하는지를 설명했다.

마지막으로 (81b)가 PIC를 어기지 않고 도출될 수 있는지 보자. DC-ISH

에 따르면 (81b)에서 국면의 핵이 E-자질을 가지고 있기 때문에 순환2가 적용된다. 이 E-자질은 wh-구인 *what suffering*을 국면의 가장자리로 유인하고 PF로 보내야 한다. PF는 이동한 wh-구에 PAAR를 적용하며 *suffering*에 H*+L를 부여한다. 다시 말해, C_{HL}과 통사적 이동을 SSI에 적합한 것으로 인식하는 SSI의 작업을 나눈다. 국면이 PF로 보내지기 전에 F-자질이 점검을 받고, PF는 들어온 국면을 이동한 요소가 있는 순환2 국면으로 인식한다.

4.2. 국면단위의 생략도출

이 장에서는 Schwarzschild(1999)와 Merchant(2001)의 구정보 제안에 문제가 되었던 예문들을 새로 제안한 이중순환 정보구조가설에 기초한 PCA가 어떻게 설명할 수 있는지 보자. 삭제를 비강세화 이론으로 설명하는 제안들은 앞서 논의한 (71a,b) 두 문장을 설명할 수 없다. 즉 (71a)에서 화제화된 VP가 구정보임에도 불구하고 비강세화되지 않고, (71b)의 동사구 생략구문에서는 같은 동사구가 삭제된다는 것이 문제이다. 그렇다면 (71a)에서 강세가 어떻게 주어지며 (71b)에서는 삭제가 어떻게 일어나는지가 문제이다. 그런데 이러한 문제를 D-모델에서 DC-ISH에 따라 PCA가 해결해 줄 수 있다. (71a)에서 VP-화제화는 이동가설로 다루어지고 DS-ISH에 따라서 순환2인 문법순환으로 분석된다. 반면 (71b)에서 VP-생략은 제자리가설로 순환1인 기능순환으로 정보초점이 주어진 것으로 분석된다. PF는 각각의 순환에 다른 규칙을 적용한다. PAAR은 화제화된 VP의 내부논항에 화제강세(topic accent, fall-rise)를 배당한다. 부가적인 강세가 조동사(modal)에 주어진다. 이것은 순환1과 순환2가 동시에 SSI와 PF에서 작용한다는 주장을 지지해주는 좋은 증거이다. 조동사에 주어진 강세는 PF에서 순환1로 PHPR이 적용된 것을 반영한다. 반면 *macademia nuts*의 강세는 PF에서 순환2의 결과이다. (71b)는 국면 비가시성조건(phase invisibility condition)에 대한 좋은 증거이다. 접근성조건과 동일성조건이 적용된 다음에 가장 작은 국면인 vP는 PF에서 해석을 위해서 비가시적인 것으로 표시될 수 있다. 그러나 그것이 외현적으로 실현되면, 순환2가 적용되고 PF는 (71a)에서와 같이 앞으로 이동한 VP에 화제강세(fall-rise)를 배당한다.

이제 e-GIVENness 제안의 일반성에 관하여 생각해보고 (84a,b)와 관련해서 (83a,b)을 다루어 보자.

(83) a. [The MACADEMIA \ / NUTS]$_i$, he put t$_i$ on the TABLE \ .
　　 b. [The MACADEMIA \ / NUTS]$_i$, he put t$_i$ on the table.

(84) a. The MACADEMIA NUTS he put on the TABLE, and the WALNUTS on the SHELF.
　　 b. The MACADEMIA NUTS he put on the table, and the WALNUTS, TOO.

정보구조에 대한 통사적 이론에 따르면, (83a,b)의 화제-화제화와 초점-화제화는 (84a,b)의 공백화와 탈피와 체계적으로 관계가 있다. 획일적인 의미/화용부의 구정보(e-GIVENness) 제안은 동시에 일어나는 정보구조해석을 할 수 없는 반면, PCA는 설명할 수 있다. DC-ISH에 따르면 (83a)에서 이동한 *macademia nuts*와 (84a)의 *walnuts*은 화제로 해석되며, 각각의 두 번째 대조적 구성소인 *table*과 *shelf*는 SSI에서 초점으로 해석된다. (83b)와 (84b)에서는 DC-ISH의 순환2가 적용되어 대조적 초점 자질을 점검한다. SSI에서 해석을 한 후 이동한 요소들은 초점/화제 해석을 받고 PF에서 적절한 강세를 받는다. (84a,b)에서 빈 요소들은 음성적으로 연쇄삭제과정의 결과로 영으로 표시된다.

PCA는 (85)의 예문과 같이 좀 더 복잡한 것을 설명할 수 있다.

(85) JANE \ claimed that JOHN \ wouldn't walk into the room
NUDE \,
a. but walk into the ROOM \/NUDE John /(he) DID \.
b. but [vp ~~walk into the room nude~~] John/(he) DID \.
c. but into the ROOM \/NUDE walked JOHN \(*he).

(85a)는 VP-화제화의 경우이고, (85b)는 VP-생략구문이다. (85c)는 위치
도치(Locative Inversion, LI)구문으로, *John*의 내림강세표시가 보여주듯이 화제
-화제화와 함께 초점구문을 이루는 일종의 혼합구문으로 분석할 수 있다.
Chomsky(1995)의 MP 분석은 아래 두 문장의 어순을 모두 허용하는 문제가
있었다.

(86) a. Into the ROOM \/ NUDE walked JOHN \.
b. John walked into the ROOM \ NUDE \.

MP와 같은 초기 도출이론은 단거리도출원리(Shortest Derivation
Principle)와 같은 전체적인 경제성원리에 기초하기 때문에 (86a)와 같이 도치
된 문장과 (86b)와 같이 도치되지 않은 문장이 똑같은 길이의 도출을 하는지
가 문제였다.

(86)의 VP-화제화 분석은 다섯 단계로 이루어진다. 첫째, 동사 *walked*가
v로 이동하고, DP *John*이 vP의 지정어 자리로 이동하고, 동사가 없는 제일
위에 있는 VP나 DP가 TP의 Spec으로 이동하고, v가 T로 이동하여 외현적으

로 T에 부가되며, *John*의 형식자질이 LF에서 이동하여 T에 부가된다. 이러한 구조는 자동적으로 (86a)의 어순인 PP-AP-V-DP의 어순을 설명한다. 그러나 (86a)는 (86b)보다 두 단계를 더 필요로 한다. 도치구문에서 *John*은 초점으로 해석되고, 전치된 PP *into the room*과 이차 부가어 *nude*는 SSI에서 화제로 해석된다고 주장할 수 있다.

이제 도치구문과 관련해서 세 가지 질문을 해 볼 수 있다. 첫째는, 어떤 종류의 동사들이 주어동사도치(SVI) 구문을 만들 수 있는가이다. (87)이 보여주듯이 비대격(unaccusative) 동사뿐 아니라 비능격(unergative) 동사들도 도치가 가능하다.

(87) a. Out of the barn ran a HORSE.

b. Into the room walked a STRANGER.

c. Out of the house strolled our CAT.

d. Into the soup flew an INSECT.

두 번째 질문은 (88)의 문장들이 모두 비슷한 통사과정을 통해서 만들어진다면 (88)에서 보여주는 정보구조의 차이를 어떻게 설명할 수 있는가이다.

(88) JANE \ claimed that JOHN \ wouldn't walk into the room NUDE \,

a. but walk into the ROOM \/ NUDE he DID \.

b. but [$_{VP}$ ~~walk into the room nude~~] he DID \.

c. *but into the ROOM \/NUDE walked he.

(88c)는 주어 *John*이 대명사화 될 수 없음을 보여준다. 주어에 초첨강세가

주어져야 한다. SVI에 대한 연구들은 (88)과 같은 경우들을 vP 내재 주어는 정보초점으로 해석되는 강세를 받는다고 가정하고, 제시적 초점구문 (presentational focus construction)으로 분석했다(Rochemont 1978, 1986, Drubig 1998). 그런데 (88c)의 경우는 그와 같은 해석을 하기가 어렵다. 다시 말해, 일반적으로 제시적 해석보다는 *John*를 마치 새로운 정보인 것처럼 제시하는 효과가 있다.

세 번째 질문은 VP-생략과 도치와 관련이 있는데 아래 예문을 보자.

(89) a. Abby can play more instruments than can her father.
   b. *Abby can play more instruments than can her father play.

(90) a. Abby can play more instruments than her father can.
   b. Abby can play more instruments than her father can play.

(89)와 (90)에서 a 문장은 VP-생략이 일어난 비교구문이고, b문장은 VP가 생략되지 않은 문장이다. (89)의 예문들은 SAI가 일어났고, (90)은 무표의 어순을 가진 문장이다.

Merchant(2003)는 비교구문에서 I-to-C이동은 VP-생략으로 I의 동사구 보어가 삭제될 때만 가능하다. I가 C로 이동하면, I의 보충어 VP는 (89a)에서와 같이 생략되어야만 한다. VP-생략이 일어나지 않으면, (89b)와 같이 비문이다. (90)에서와 같이 SAI가 일어나지 않으면, (90b)와 같이 VP-생략이 반드시 일어나지 않아도 된다.

(89)에 나타나는 대조를 설명하기 위해서, Merchant는 PF 보상가설 (Compensation hypothesis)을 제안했다(Lasnik 1999, Merchant 2001). (89)의 비교구문에서 VP-생략은 SAI에 의해서 생겨난 일종의 결함을 수정한다고 제

안했다(Merchant 2003:59). PF-보상가설에 의하면 VP-생략이 부적절한 문장을 구제하기 위해서 일어나야 한다는 것이다. Merchant는 SAI의 경우 VP-생략이 일어나는 것은 SAI에서 핵이동의 특성과 비교구문에서 wh-구 흔적을 인허하는 것과의 상호관계로 생겨난 결과이다. 좀 더 자세히 말하면, VP로부터 CP의 Spec으로의 A'-이동은 그 동사구에 부가됨으로써 진행된다. VP에 부가된 중간흔적을 포함해서 A' 흔적들은 PF에서 작용하는 새로운 형태의 ECP에 따른다. Merchant의 설명에서 중요한 것은 비교구문에서 중간 흔적이 ECP를 어긴다는 것이다. 따라서 PF보상가설의 핵심인허받지 못하는 중간흔적을 VP를 제거함으로써 수정한다는 것이다.

도치비교구문에서 VP-생략의 필요성은 일반적인 평행조건(parallelism requirement)과 전적으로 통사부에 기초한 대조적 초점 분리(contrastive focus isolation)와 직접적으로 관계가 있다. 즉 VP-생략은 통사적으로 정의된 평행조건과 SAI와 생략으로 생기는 대조적 초점 분리에 전적으로 의존한다. 평행조건이 위배되면 VP-생략이 일어날 수 없다. (89b)의 비문법적인 문장이 대조적으로 강세가 주어진 이차 서술어가 첨가되면 (89c)에서와 같이 괜찮은 문장이 된다는 것을 주목하라.

(89) a. Abby can play more instruments than can her FATHER.

b. *Abby can play more instruments than can her father play.

c. Abby can play more instruments SOBER than can her FATHER paly DRUNK.

결론은 도치 비교구문에 적용되는 제한들은 비교조건과 대조적 초점가설에 기초하며, PF보상가설로는 설명할 수 없다는 것이다.

5. 결론

이 장에서는 접합면에서의 생략을 다루었다. 생략구문의 경우 PF에서 침묵을 도출할 때 통사부, SSI, PF, 그리고 화용부문이 어떻게 작용하는지를 다루었다. 기존에 제안된 분석들을 검토한 후에, 통사부, 의미부, PF를 동시에 연산하는 동시연산분석(PCA)을 제안했다. PAC는 연산의 순환성을 시행하는 중요한 기제로 국면 개념에 전적으로 의존한다. D-모델은 정보구조부문을 구성하고, 특히 문법구조의 중요한 요소로 이중순환 정보구조가설(DS-ISH)을 기초로 한다. PCA는 DC-ISH에 따라서 각각 다른 순환연산을 한다. 문법순환의 실행은 통사부와 SSI의 상호관계를 형식화하고 문장의존형 생략(SBE)의 도출과 해석을 담당한다. 기능순환의 실행은 의미부와 화용부의 상호관계성을 형식화하고 담화의존형 생략(DBE)의 도출과 해석을 담당한다. 따라서 두 종류의 정보구조 해석은 각각 다른 접합면에서의 도출에 기인한다. SBE와 DBE에서와 같이 형태가 음성적으로 나타나지 않는 것은 궁극적으로 두 경우 모두 통사적 도출과 해석이 삭제보다 먼저 일어나는 경제성을 고려한 결과이다. SBE의 경우는, PF에서 연쇄삭제과정의 형태로 음성적 침묵이 실현되고, DBE의 경우는 음성적 침묵이 다른 유형의 대용사와 같이, 접근성조건에 기초해서 화용론적으로 도출한 결과이다.

지금까지의 논의를 간단히 정리하며 다음과 같다. 2.2.에서는 VP-생략구문을 위해서 동시연산분석(PCA)을 제안했다. 2.3.에서는 화용-PF 접합면을 기초로 초점에 대한 의미/화용론적 설명인 구정보(GIVENness) 제안들을 검토했다. 2.4.에서는 국면단위로 억양이 부여되는 것을 중점적으로, PCA의 초기 증거를 제시했다. 이중순환 정보구조가설을 적용한 PCA에 따르면, 두 종류의 생략구문(DBE와 SBE)에서 삭제는, 통사적 도출과 해석이 의미부문에서 먼저 일어난 후, 그리고 PF에서 침묵으로 해석하기 전에, 일어난다고 예측할 수 있다.

VP 대용화와 VP 생략

VP-Anaphora and VP-Ellipsis

1. 서론

이 장에서는 영어와 독일어에서 VP 생략(VPE)의 통사부와 정보구조 (information structure)를 조사해 본다. 독일어에는 두 가지 가능한 VPE 예시 가 있는데, 하나는 (1a)와 같은 *es*-구문이고 다른 하나는 (1b)와 같은 *auch*-생 략이다.

(1) a. Leon kann die Aufgabe lösen und Peter kann *(es) auch.
   Leon can the task solve and Peter can es too
b. Leon kann die Aufgabe lösen und Peter auch.
   Leon can the task solve and Peter too

이 장의 상당 부분이 이런 구문의 분포 및 통사부와 정보구조에 대해 경 험적인 논거를 제공한다. 여기서 생략현상의 생성/정보구조의 연구에 핵심이 되는 두 가지 질문을 하게 된다. 첫째, 생략은 도출과정에서 삭제되는 내부구 소를 갖는가 또는 생략위치의 통사구조에 관계없이 의미복구 체계를 기저로

하는 대용화(anaphora)의 한 유형인가? 둘째, 생략은 그 잔여성분의 대조적 초점표시의 수단인가 또는 묵음위치의 구정보 표시의 수단인가?

독일어 연구를 기초로 하여 제시한 이중순환 정보구조가설(Double-Cycle Information Structure Hypothesis: DC-ISH)에 기반을 둔 동시연산분석(Parallel Computation Account: PCA)을 주장한다. DC-ISH가 제안하는 것은, *auch*-생략과 *aber*-생략처럼 대조적 잔여성분 생략(Contrastive Remnant Ellipsis: CRE)의 경우, 생략위치로부터 통사이동이 있으면 이동된 요소가 대조적 초점/화제로 해석되고 생략위치는 통사표시를 가져야 한다는 것이다. VPE처럼 이동이 없으면 그 구문은 삭제된 내용을 구정보로 표시하는 공 동사 대용사 (empty verbal anaphor)로 잘 설명될 수 있다.[27]

이 장에서는 실험적으로 생략의 혼성초점분석을 증명한다. 생략의 혼성 초점분석은 PF-삭제, 즉 연쇄삭제(chain reduction)가 있는 통사이동에 의한 문장의존형 생략(sentence-bound ellipsis)과 대용형 분석에 의한 담화의존형 생략(discourse-bound ellipsis)을 도출한다. 이 장의 주요 제안은 (1a)의 *es*-구문이 영어 VPE 유형이고, 독일어 *es*-구문과 영어 VPE 모두 담화의존형 생략을 나타낸다는 것이다. 대조적으로 (1b)의 독일어 *auch*-생략은 대조적 잔여성분 생략(CRE)의 경우이며 문장의존형 생략을 나타낸다는 것이다.

또한 생략이 동시연산분석(PCA)과 Chomsky(2000, 2005)에 의해 언급된 도출모델(D-모델)에 대한 증거로 어떻게 작용하는지 살펴본다. 위에서 언급된 두 가지 생략유형은 이중순환 정보구조가설의 적용으로 생기며, 통사론-의미론 접합면에 들어오는 순서대로 순환적으로 적용된다.

독일어의 사건유형 대용사와 생략에 대한 연구에는 두 가지 중요한 결과

---

[27] 독일어에서 *es*-구문은 이에 상응하는 구문으로, 이런 경우 잔여성분은 문맥에 의존하는 다양한 담화기능을 자유롭게 가정한다.

가 있다. 하나는, 독일어의 경우 영어 VPE와 유형이 일치하는 VP 대용화
(VP-anaphora: VPA)를 갖지만, 영어유형의 VPE를 갖지 않는다는 것이고,
다른 하나는 정보구조분석이 이런 구문들에 대해 다음과 같은 다른 담화기능
을 인지한다는 것이다.

(2) (i) 독일어에서 VP 대용화 구문은 VP를 구정보로 표시하는
수단이다. VP-대용사 *es*는 상위 접근성 표지로 담화모델에
서 소개된 사건유형을 언급하는 수단이다.
(ii) 독일어에서 대조적 잔여성분 생략은 대조적 잔여성분을
분리시키는 생략구문이다. 두 가지 유형이 있는데, 대조적
화제 잔여성분을 남기는 대조적 화제 생략과 대조적 초점
잔여성분을 남기는 대조적 초점생략이다.

대조적 화제 생략과 대조적 초점 생략을 묶어 대조적 잔여성분 생략이라
고 본다. 결국 대조적 잔여성분 생략들이 영어와 독일어에서 탈피구문
(stripping)과 공배구문(gapping)을 포함하게 된다.

중점적으로 다루게 될 구문들이 (3)에서 (6)까지 열거되어 있다. 상승억양
은 /로 표시되고, 하강억양은 \로 표시된다. 음조(pitch) 이동이 실현되는 음
절들은 대문자로 되어있다.

(3) 영어에서 VPE (3a)와 탈피구문 (3b)

a. because /Leon can solve the task \ and /PETER can, TOO \.
b. because Leon \ can solve the task but not PETER \.

(4) *Es*-구문

a. weil / Leon die Aufgabe lösen \ kann, und /PETER *(es)

because Leon the task solve can and Peter es

AUCH \ kann.

too   can

b. weil Leon \ die Aufgabe lösen kann, und auch PETER \

because Leon   the   task   solve can and also Peter

*(es) kann.

es   can

(5) *Auch-*생략

a. weil /Leon die Aufgabe lösen \ kann, und /PETER AUCH \.
because Leon the task   solve can and Peter   too

b. weil Leon \ die Aufgabe lösen kann, und auch PETER \.
because Leon   the   task   solve can and also Peter

(6) *Aber-*생략

a. weil /Leon die Aufgabe lösen \ kann, aber /PETER NICHT \.
because Leon the task   solve can but Peter   not

b. weil Leon \ die Aufgabe lösen kann, aber nicht PETER \.
because Leon   the   task   solve can but not   Peter

(3)에서 (6)의 구문들은 다음과 같은 특색들을 공유하고 있다: 첫째, 등위
구조에서 생기고, 두 번째 대등구(conjunct)는 첫 번째 대등구에서 나타난 복
합사건을 다시 나타내는 수단이다. 다시 말해서, (3), (5), (6)처럼 생략위치를
포함하거나, (4)처럼 대용사를 포함한다. 삭제된 요소나 선행사 특성은 LF에
서 생략위치나 대용사위치에 접근가능하며, 두 번째 대등구는 잔여성분으로
주어를 포함한다. 또한 a-예문의 강세유형(주어 잔여성분에서 상승과 첨사에
서 하강)과 b-예문의 강세유형(잔여성분에서 가파른 하강)은 일치한다.[28]

(3a)는 영어의 VPE를 나타내는데, 이 구문의 전형적인 특색은 조동사나 양태 조동사가 외현적으로 남아있고 공(empty) VP의 인허절차에 참여한다는 것이다. 독일어에서 비교되는 구문을 찾아보면, 두 가지 경우가 있다. (4)와 (5)/(6) 모두에서, VP는 삭제될 수 있다. 그러나 (4)는 영어 VPE와는 다른데, 영어에서는 묵음의 술어를 포함하지만 독일어에서는 외현적 대용형 *es*를 포함하고 있다. 따라서 이 구문을 VPA 또는 *es*-구문이라고 부른다. (5)/(6) 예들은 VP-요소가 생략되었기 때문에 영어 VPE와 가장 근접해 보인다. (5)와 (6) 모두 잔여성분이 VP-요소 삭제 전에 지정어 자리로 이동되어 같은 구문에 속한다고 가정하고, (5)를 *auch*-생략, 그리고 (6)을 *aber*-생략이라고 부른다. 이 경우 생략의 목표가 VP지만, *auch*/*aber*-생략은 VPE 경우로 한정되지 않고, 영어의 VPE보다 통사적으로 더 제한적이다.29) (5)와 (6)의 구문은 (3b)처럼, 통사적으로나 정보구조적으로나 영어의 탈피구문을 따른다.

또한 이런 구문들에 나타나는 초점조건들을 조사해 본다. (4)의 VPA 구문의 정보구조 기능은 VP를 구정보로 표시하는 것인 반면, (5a)와 (6a) 구문의 기능은 대조적 화제를 분리하고 (5b)와 (6b) 구문의 기능은 대조적 초점을 분리하여 회제/초점 기능과 생략된 VP에서 공백간의 의존도를 나타내는 것이나.30)

이런 논의에서 두 가지 이론적 문제에 직면하게 된다. 하나는 어떤 표시(representation)가 생략구문을 결정하고 인허하는데 포함되는지와 관련이 있다. 다른 하나는 *auch*/*aber*-생략의 생략 대등구에서 V/2-이동의 부재와 관련이 있다. 이것은 핵(head)과 구(phrase)가 언제, 왜, 어디로 이동하고 생략이 일어나는지의 접합점 문제를 야기시킨다.

---

28) 억양패턴: 패턴 1: /잔여성분   첨사 \
　　　　　　　패턴 2: 첨사   잔여성분 \
29) Otani & Whitman(1991)는 일본어와 중국어에 대해 논의하고 있다.
30) 잔여성분에 대해 보는 가능한 선택이 담화구조에 의존하도록 하는 것을 의미한다.

2. 생략 표시(Representation of Ellipsis)

2.1. 대용형 분석과 PF-삭제 가설
(Proform Account and PF-Deletion Hypothesis)

Hankamer & Sag(1976) 이후 생략구문 연구의 핵심문제는 생략내용을 분석하고 인허하는데 어떤 표시가 포함되는지를 찾아내는 것이었다. 생략의 통사부 역할에 대해서는 두 가지 견해가 있는데 하나는 삭제방식, 나머지 하나는 비삭제방식이었다. VPE에 관하여 PF-삭제 분석은 생략된 VP가 완전히 통사적으로 표시되지만 음운 부문에서 삭제되는 것을 가정한 반면, 대용형 분석은 VP는 내부구조가 없는 영 대용사 역할을 한다.[31]

음성적 삭제분석에 대해서 핵심적 지지를 보낸 사람은 Wasow(1979)로, 그는 공구조가설(empty structure hypothesis: ESH)을 주장했다. 공구조가설은 영 대용사들이 그 선행사의 모든 구조를 갖고 있지만 단지 음성내용만 없는 것이다. ESH에 의하면 (10)과 같은 문장은 (11)처럼 해석된다.

(7) John will come to the party if Mary can come to the party.

(8)

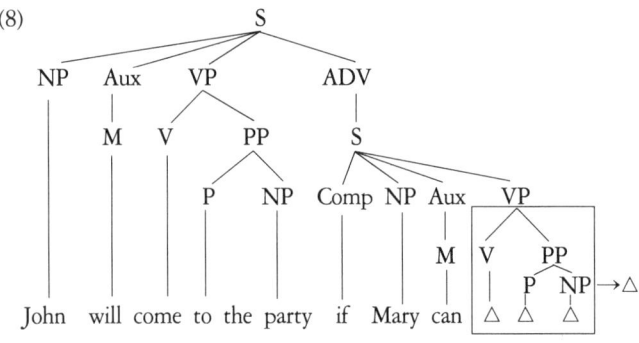

---

31) PF-삭제 분석은 Wasow(1979), Chomsky & Lasnik(1993)에서 제안되고, 대용형 분석은 Dalrymple, Shieber & Pereira(1991)에서 제안되었다.

Wasow의 제안을 오늘날의 관점에서 생각해보면, 오늘날의 PF-삭제가 여기서부터 시작되었다고 말할 수 있다. 삭제구문에 대한 논의는 생략의 초기 접근법 논의를 반복하고 있다.

PF-삭제분석이 경험적으로 우세한 분석인 것 같지만, 개념적으로는 대용형 분석이 바람직하다. 대용형 분석은 담화 대용화 이론 하에서 생략현상을 포함하고 있으며 VPE가 대용사적이라고 주장하기 때문이다.

이 장의 목적은 생략의 혼성 초점분석을 지지하기 위한 것이다. 생략의 혼성 초점분석은 앞에서 소개된 이중순환 정보구조가설의 결과로 생겨난 것이다. 생략자리에서의 통사이동(대조적 화제와 초점 이동)을 관련자질로 설정하면, (3)과 (4)의 자료들은 대용형 분석으로 설명되고, (5)와 (6)의 자료들은 PF-삭제분석으로 설명된다. 이와 같이 혼성 초점가설의 일반원리가 다음과 같이 표시된다.

(9) 생략의 혼성 초점가설
   PF-삭제는 대조적 초점/화제가 통사적 이동에 의해 분리되는 생략구문에서 가정된다. 대용형 분석은, VPE의 핵심 경우처럼, 이동이 포함되지 않을 때 적합하다.

다시 말해서, 생략위치로부터 통사이동(A'-이동)이 있을 때 마다, 이동된 요소는 대조적 초점/화제로 해석되고 생략자리는 통사적 표시를 가져야 한다. VPE와 VPA 경우들처럼 아무런 이동이 없으면, 그것은 대용형 분석에 의해서 더 잘 설명될 수 있다. 대용형 분석에서는 동사류 대용사는 구정보로서 삭제된 내용을 표시하는 기능을 한다. 이 경우 잔여성분은 문맥에 따라 다양한 담화기능을 자유롭게 가질 수 있다.

2.2. VP 생략: 공 대용형 분석을 위한 논거

원리와 매개변항 체계에서, (3a)와 같은 VPE는 기저생성된 공 술어대용사 pro로 보았다. 따라서 VPE는 내부구조를 갖지 못하고, 핵 INFL의 지배에 의해서나, 자질점검에 의해서 인허되어야 한다.[32]

VPE에 대해 대용형 가설을 지지하는 가장 강력한 주장은 (10)에 나와있다. 그 주장들은 VPE 분석이 해석 단계(LF-접합면)에서 분석되는 대용사 과정이라는 가정에서 출발한다. 다음의 주장들은 VPE 특색을 보여주면서, 문장의존형인 탈피구문이나 공백구문과는 다르다는 것을 보여준다.

(10) a. VPE는 그 선행사를 포함하는 절과는 별개의 등위절이나 종속절에 나타날 수 있고 섬에 민감하지 않다.

b. VPE는 후행 대용화제약(Backwards Anaphora Constraint: BAC)을 준수한다.

c. VPE는 분리 선행사를 가질 수 있다.

d. VPE는 선행사절과 생략자리 간에 동일한 통사형태를 요구하지 않는다.

e. 변항에 대한 통사제약은 VPE 하에서는 준수되지 않는다.

f. VPE는 문장의존형 현상이 아니다.

   i. VPE는 발화 경계를 넘어 일어날 수 있다.

   ii. VPE는 담화에서 훨씬 이전의 것을 지시할 수 있다.

   iii. VPE는 통사적이나 화용적 선행사를 가질 수 있다.

g. 정보구조

   i. VPE는 대용화 경우처럼 구정보를 표시하는 수단이다.

   ii. 잔여성분은 문맥에 따라 다양한 담화기능을 자유롭게 가정한다.

---

32) Lobeck(1995), Zagona(1982, 1988a, b) 참조.

(10a)에 대해 조사해보자. VPE는 (3a)처럼 등위절이나 (11)처럼 선행사를 포함하는 절과는 별개의 종속절에서 일어날 수 있다. 또한 VPE는 (12)과 (13)처럼 섬에 민감한 것 같지 않다.

(11) [Mr. Egnuss's dislike of program trading is echoed by many small investors interviewed by Wall Street Journal reporters across the country.]
But like Mr. Egnuss few expect it to be halted entirely and a surprising number doubt that it should be. (Penn Treebank # 27)

VPE는 관계절에서도 작용하여 (12)처럼 Ross의 복합명사구제약을 위반하게 된다. 또한 VPE는 (13)처럼 Ross의 문장주어제약(Sentential Subject Constraint)에 민감하지 않다.

(12) John didn't hit a home run, but I know a woman who did. [$_{VP}$ hit a home run]

(13) That Betsy won the batting crown is not surprising, but that Peter didn't know she did [$_{VP}$] is indeed surprising. [$_{VP}$ win the batting crown] (Sag 1977: 3)

이 주장에 의하면, VPE는 이동제약을 준수하지 않는다는 것이다. 이러한 통사구조들은 탈피구문 (또는 공백구문)과 대조를 이룬다.

(10b)의 후행대용화제약에 대해 살펴보자. VPE를 구조적으로 대용화로 보는 가장 강력한 주장은, VPE가 대용사의 일반제약에 관해 다른 대용화와

같은 유형이라는 것이다. VPE와 관련된 대용사의 일반제약은 Hankamer & Sag(1976: 424)에 의해서 언급되었다.

(14) 후행대용화제약

대용사는 표층구조에서 선행하고 통어하는 요소와 대용적 관련이 있다고 해석될 수 없다.

VPE와 대명사는 (15a)와 (16a)처럼 그들이 선행사를 성분통어하지 않는 경우에 선행(precedence)만 준수하여 후방지시적(cataphoric) 기능을 가지게 된다.[33] (15b)는 결속원리 C 위반이다.

(15) a. Although we won't vote for [her]$_i$, [Merkel]$_i$ might win the election.

b. *[She]$_i$ might win the election, although we won't vote for [Merkel]$_i$.

(16) a. Although we think [$_{IP}$ she shouldn't [$_{VP}$ e]$_i$], Merkel might [win the election]$_i$.

b. *We think [$_{IP}$ she shouldn't [$_{VP}$ e]$_i$], although Merkel might [win the election]$_i$.

VPE와 대명사의 유사한 행태를 설명하는 방법은 VPE가 결속목적으로 지시적 지표를 지니는 술어 대용형이라고 가정하는 것이다. 이런 경우 (16b)의 비문법성은 대명사류 요소(즉, 공 VP)가 그 선행사 VP를 성분통어하기 때

---

33) 후방지시(cataphoric)는 담화에서 후에 나타나는 표현과 동일지시되는 표현을 기술하기 위해 사용된다.

문이다. 하지만 여기서 주목해야 할 점은 (16b)처럼 부가절이 상위에 있을 경우도 역시 문법적이 된다는 점이다.

VPE는 분리 선행사를 가질 수 있다는 (10c)를 살펴보자.

(17) Susan wanted to write a letter and John wanted to call her, but neither of them did. (Napoli 1985)

여기서 VPE에 대해 두 개의 가능한 선행사가 있다. (17)에서 [*write a letter and call her*]는 올바른 의미를 제공하지 않기 때문에, 문장의 의미가 등위절에서 성립될 수 없다. 따라서 *neither did Sue write a letter nor did John call her* 같은 것을 예상한다. 통사요소의 단순한 삭제나 복사물의 재구에 기초한 분석은 이런 것을 설명하기가 어렵다.

이제 (10d), 즉 VPE는 선행사절과 생략위치 간에 동일한 통사형태를 요구하지 않는다는 것을 고려해 보자. Hardt(1993: 37)는 (18)처럼 능동형 VPE가 수동 선행사절과 함께 나타날 수 있다는 증거를 제시한다.

(18) This information could have been released by Gorbachow, but he chose not to. (Hardt 1993)

다음으로, (10e)가 논의하는 변항에 대한 통사적 제약은 VPE 하에서는 준수되지 않는다는 것을 살펴보자. 세 가지 다른 경우, 즉 (i) 결속원리 위반, (ii) 결속변항 의미 대 재귀사의 지시적 의미, 그리고 (iii) 부정 극성(negative polarity)이 있다.

이런 논의는 동일한 기저논리에 기초를 두고 있다. VPE가 (PF에서나 LF의 재구형태에서) 통사요소의 삭제를 포함한다는 성반대의 가정 하에서는,

통사효과들이 생략 하에서 유지될 것으로 예측된다. 그러나 다음 경우들에서는 이런 통사효과들이 나타나지 않는다.

결속원리 C를 위반하여 통사적 분석으로 비문법적인 예들이 대용형 분석으로는 쉽게 받아들여질 수 있다는 점을 주목해보자. 예를 들면 (19)에서 통사 삭제분석으로는 결속원리 C 효과가 예상되지만 문법적이다.

(19) I expected Jan$_i$ to win even when he didn't [expect Jan$_i$ to win]. (Dalrymple, Shieber, and Pereira 1991)

통사적 의미적 결속에 대한 양방향조건제약(Biconditional Constraint) 하에서, 재귀사처럼 대명사가 결속되는 경우에는 지시적 해석이 VPE에서는 없다고 예견된다.[34] 그러나 (20)에서처럼 이런 예측은 맞지 않는다.

(20) John$_i$ defended himself$_i$, because his lawyer didn't [defend him$_i$]. (Hardt 1993)

(20)에서 지시적 해석이 가능한 것은 놀라운 일이다. 또 그 문장이 대명사를 사용함으로써 완성될 수 있다. *John defended himself, because his lawyer didn't defend himself*처럼 결속변항 해석이 의미적으로 표시된다.

또 다른 예 (21)은 부정극어(NPI)를 포함한다. *anything*과 같은 NPI들은 그들의 분포를 지배하는 통사제약을 따른다는 것이 일반적이다. 선행사 VP의 통사적 복사는 비문법성을 낳게 된다.

(21) Although Philip Morris typically tries to defend the rights of

---

34) 양방향조건제약은 Heim & Kratzer(1998: 268) 참조.

smokers with free-choice arguments, this [has nothing to do with cigarettes], nor will it ever *[have nothing to do with cigarettes]. (Penn Treebank # 18)

(10f)의 VPE 기준은 대용형 분석 하에서 쉽게 설명된다. VPE는 (22)에서 처럼 발화경계를 넘어 발생할 수 있다. 또한 (23)에서처럼 담화에서 훨씬 이 전 것을 지시하여 적어도 두 문장 이전에 있는 선행사를 가질 수 있다.

(22) A: Ben pushed Jan.
     B: No, he didn't.

(23) The thought came back, the one nagging at him these past four days. He tried to *stifle it*. But the words were forming. He knew he couldn't [$_{VP}$]. (Hardt 1990)

마지막으로, 정보구조와 관련있는 (10g)를 조사해 보면 (24)처럼 Schwarzschild(1999)의 문맥의존의 구정보(GIVENness)이론을 따른다.

(24) VPE에 관한 초점조건 (Schwarzschild 1999)
     VP α는 α가 구정보 구성요소이거나 구성요소에 포함된 경우
     에만 삭제될 수 있다.

López & Winkler(2000)는 VPE는 다른 대용화와 마찬가지로 구정보를 표시하는 수단이라고 제안한다. 다시 말해서 잔여성분들은 문맥에 따라 다양한 담화기능을 자유롭게 가정한다.

요약해 보면, 위의 모든 논의는 해석적 분석이니 대용형 분석을 지지하는

것 같다.

2.3. 독일어 VPA와 영어 VPE의 통합

2.3.1. 독일어 VPA와 영어 VPE

위의 내용을 독일어 VPA에 적용해 보면, 영어에서는 음성적으로 묵음 대용형을 나타내지만 독일어에서는 외현적 대용형 *es*를 요구한다는 점을 알 수 있다.

(25)와 (26)을 조사해 보자. 대용형은 종속절에 내포되어 있다.

(25) a. Ben can solve the problem, but I know that Peter can't.

b. Ben cannot solve the problem, but I know that Anna can.

(26) a. Benn kann die Aufgabe lösen, aber ich weiß, dass Peter
Ben   can   the   task   solve   but   I   know   that   Peter
*(es) nicht kann.
    es   not   can

b. Peter kann die Aufgabe nicht lösen, aber ich weiß, dass
Peter   can   the   task   not   solve   but   I   know   that
Ben *(es) kann.
Ben   es   can

대용술어(propredicate) *es* 없이는, (26a, b)는 비문법적이다.

(27) 독일어 VPA는 영어 VPE와 같은 종류의 구문이다. 하지만 영어 VPE가 음성적으로 묵음 대용형을 나타내지만 독일어 VPA는 외현적 대용형 *es*를 요구한다는 점에서 다르다.

두 구문 모두가 VP를 대체하는 대용사들이기 때문에 이들을 집합적으로 VPA 구문으로 분류한다.

독일어 VPA 구문을 좀더 자세히 조사해 보자. (26a, b)에서 *es*는 양태 조동사(modal verb)에 의해 선택되고 부정사 VP를 대체한다. 하지만 *es*는 허사 기능은 물론 다양한 다른 대용사 기능을 할 수 있다는 것이 잘 알려져 있다. 또한 독일어 VPA에서 *es*는 (28)처럼 일반 조동사에 의해 선택될 수 없고, *es*는 (29)처럼 추측 조동사(epistemic modal)에 의해서 선택될 수 없다는 특성을 가지고 있다.

(28) *Jan hat die Aufgabe gelöst, aber ich glaube, dass Peter es
     Jan has the task solved but I think that Peter es
     nicht hat.
     not has

(29) Jan muss sein Auto jeden Tag waschen und es scheint, als
     Jan must his car every day wash and it seems as
     ob Peter es auch
     if Peter es also

(29)는 추측 의미를 허용하지 않는다. 여기서 VPA는 *Peter*가 그의 차를 매일 세차할 의무가 있다는 의무적(deontic) 의미만을 나타내고, *Peter*가 그의 차를 매일 세차하는 것 같다는 의미는 없다.

또한 독일어는 영어와는 대조적으로 (30)처럼 VP-자리에서 공범주를 허용하지 않는다.

(30) *Jan hat die Aufgabe gelöst, aber Peter hat nicht.

    Jan has the   task   solved but Peter has not

하지만 Klein(1993)은 이 주장에 대한 예외를 제시했다. 독일어는 몇 가지의 VPE가 있는데, 해당되는 영어 상당어구와 동일해 보인다. 하지만 그들은 (31)처럼 상당히 제약이 있어서, 대조적 초점은 양태 조동사 *muss*와 조동사 *hat*에 대해 주어져야 한다.

(31) a. ?Peter möchte Maria bestimmt nicht heiraten, aber er MUSS \.

      Peter wants Maria certainly not marry but he must

    b. ??Peter hat seine Frau nicht angerufen, aber /Hans HAT \.

또한 (32a)처럼 초점이 부정 첨사에 대해 인식되는 경우는 *es*가 (32b)처럼 삽입되어야 한다.

(32) a. *Jan muss das neue Lied üben, aber ich glaube, dass

      Jan must the new song practice but I   think that

      Anna NICHT muss.

      Anna   not   must

    b. Jan muss das neue Lied üben, aber ich glaube, dass

      Jan must the new song practice but I   think that

      Anna es NICHT muss.

      Anna es   not   must

또한 VPA는 구정보를 표시하는 수단으로 작용한다. 다음 절에서 이 특징을 살펴보자.

2.3.2. 구정보와 극성초점(Givenness and Polarity Focus)

원리와 매개변항 체계에서 VPE 연구는 생략된 VP의 좌측 가장자리에서 일어나고 VPE의 인허자 역할을 하는 기능요소들에 상당히 주의를 기울였다. Zagona(1998a)는 VPE는 VP가 INFL에 의해 고유지배되면 인허된다고 주장하고,[35] Lobeck(1995)은 문장의 기능핵과 그 VP-보충어 사이에서 일치 개념을 사용한다. López와 Winkler(2000)에서는 영어, 독일어, 스페인어에서는 통사부에서 Σ 핵이 영 VP를 인허한다고 가정한다.[36] 영어 (25)와 독일어 (26)에서 부정표현이나 긍정표현이 생략이나 대용술어 바로 다음에서 출현한다. (25a)와 (26a)에서 부정첨사는 고저강세(pitch accent)와 함께 표시된다. (25b)에서는 영어 조동사 *can*과 (26b)에서는 독일어 양태 조동사 *kann*이 강세-긍정 자질을 지닌다고 주장한다. Laka(1990)에 의하면, 부정/긍정자질은 통사부에서 VP를 보충어로 간주하는 기능범주 Σ에서 분리된다고 가정한다. Laka (1990)를 바탕으로, 기능범주 Σ가 영어에서는 VPE를 독일어에서는 VPA를 인허한다고 주장한다. 이것이 (33)에서 표시된다.

(33)

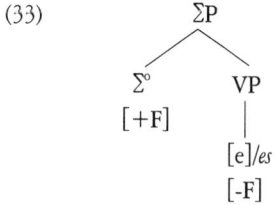

---

35) 고유지배(proper government):
   다음의 두 조건 중 하나를 만족시키면, α는 β를 고유지배한다.
   a. α가 β를 지배하고 α가 어휘범주 N°, V°, A°, P°이다.
   b. α가 β를 지배하고 α와 β가 동일지표를 지닌다.
36) Σ는 긍성/부성 자질을 관장하는 핵이다.

이와 같이 영어와 독일어는 (34)에서 표시되는 일반도식에 적합하다. VPA 구문은 잔여성분으로서 주어, 동사핵에 의해 수반되는 긍정/부정 요소, 그리고 대용적 VP로 이루어져있는 3부로 나뉜 구조이다.

(34) [REMNANT XP] [(AUX) neg/aff] [VP e/es]

대용적 VP나 묶음 VP를 살펴보면, 영어의 생략된 요소나 독일어의 대용사 요소가 구정보를 포함해야 한다. 하지만 (10g)의 두 번째 주장인 잔여성분의 담화기능에서는 다음과 같이 VPE에 대한 두 가지 대조적인 가설이 있다.

(35) VPE에 대한 두 가지 다른 초점가설
    1. 잔여성분에 대한 대조초점 가설 (Rooth 1992a,b);
    2. 극성초점 가설 (López와 Winkler 2000)

이 논의 결과는 두 가설 모두 모든 경우를 설명할 수 없다는 것이다. VPE에 대한 Rooth의 초점조건은 두 가지 중점적인 내용을 통합한다.

(36) Rooth(1992a)의 VPE에 대한 초점조건
    1. VPE는 잉여정보를 나타내는 화용기능을 가진다.
    2. 잉여정보는 주어의 대조초점을 인허한다.

(37) a. First John came up with a good idea, then [MARY $\setminus$]$_F$ did [$_{VP}$ e].
    b. [$_S$[$_S$ First, John [$_{VP}$ come up with a good idea]], and then [$_S$[$_S$ MARY$_F$ did [$_{VP}$ come up with a good idea]].

Rooth의 분석에 문제가 되는 (38a, b)를 살펴보자.

(38) a. Anna promised to do the dishes, but she DIDN'T \ .

    b. I doubted that Ben can swim, but he CAN \ .

반례들을 조사해 보면, 부정극성이나 긍정극성을 나타내는 요소에 초점 강세를 요구하는 것 같다. 다시 말해서, López & Winkler(2000)에 의한 극성 초점가설은 기능핵 Σ^0에 대한 초점을 예견한다. 기능핵은 (39)와 (40)처럼 극성을 나타내고 VPE를 인허한다. 여기서 두 번째 대등구에서 강세에 집중하고 첫 번째 대등구의 억양을 명시하지 않은 채로 남겨둔다.

(39) a. Ben said he has read Dostoyevsky's *Idiot*, but he HASN'T \ .

    b. Jan said that he hasn't read Dostoyevsky's *Idiot*, but he HAS \ .

(40) a. Jan Kann die Aufgabe lösen, aber ich weiß, dass /Peter es
    Jan can the task solve but I know that Peter es
    NICHT \ kann.
    not   can

    b. Peter weiß nicht, ob er die Aufgabe lösen kann, aber
    Peter know not whether he the task solve can but
    ich weiß, DASS \ er es kann.
    I Know that he es can

극성초점 기능은 첫 번째 등위절에 소개된 사건을 긍정하거나 부정하는 것이다. (39a)에서 첫 번째 대등구에서 *Ben*에 대해 진술된 사건 *read*

*Dostoyevsky's Idiot*은 두 번째 대등구에서 부정된다. (39b)에서는 대등구 간의 극성이 역전된다. 독일어 (40a)에서 VP에 의해 표시되는 사건 *die Aufgabe lö sen*은 첫 번째 대등구에서 소개되는데, 두 번째 대등구에서는 부정된다. (40b) 에서는 극성초점 기능은, 사건이 아니라 *Peter can solve the task*라는 진술을 긍정하거나 부정하는 것이다. 초점강세는 보문소 *dass*에서 실현되고 그 진술의 진실이나 거짓을 확인하는 것이다.

극성초점은 각각의 VPA-문장에서 실현되므로 다음과 같은 인허조건이 제시된다.

(41) 영어와 독일어에서 VPA는 (i)과 (ii)가 유지되면 인허된다.

(i) VPA가 일관되게 [-F]이다.

(ii) 접근가능한 선행사 VP가 있다.

(iii) Σ°는 [+F]이다.

원리 (41)은 (25)와 (39)의 영어 예문과 (26)과 (40)의 독일어 예문을 설명할 수 있다. 또한 원리 (41)은 (42)와 (43)에서 나타나는 대조도 설명한다. (42B)에서 부정요소 *nicht*와 (43B)에서 긍정요소 *schon*은 그들이 [+F]자질을 지니기만 하면 VPA를 인허한다.

(42) A: Anna kann die Aufgabe lösen.

  Anna can the task solve

 B: Nein, sie kann es NICHT \ *nicht.

  No, she can es not

(43) A: Anna kann die Aufgabe leider nicht lösen.

  Anna can the task unfortunately not solve

B: Doch,   sie kann es SCHON \ *schon.

Certainly, she   can   es   aff-particle

(42B)의 표층어순은 *es*가 원 위치에서 이동된 것을 암시한다. 이것은 다음과 같은 구 표지를 만들어내기 위해 주절에서 잘 알려진 V/2-효과를 더해준다.

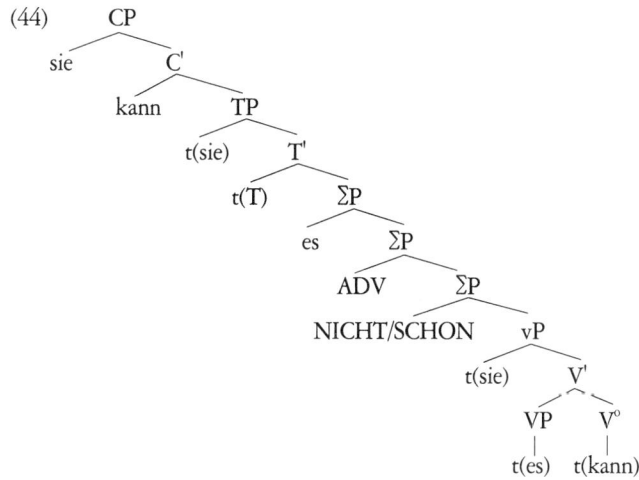

(44)와 같은 보통의 주절은 두 가지 이동에 의해 도출된다. 즉, 주어의 spec, CP로의 이동과 V°의 C°로의 V2 핵이동이다. 종속절에서의 V2 효과 부재를 설명하기 위해서, 독일어에서 C는 보문소 유형이라고 간주한다. 핵 Σ는 부정/긍정요소로 채워지고 *nicht/schon*은 첫 번째 spec, ΣP 자리에서 생겨나고 대용형 *es*를 인허하기 위해서 [+F]로 할당되어야 한다. 게다가 *es*의 자질은 Σ에 부착되고 *es* 자신은 상위 spec, ΣP 자리로 동반이동(pied-piping) 된다.[37]

---

37) Chomsky(1995)분석과도 같은 것이다.

그러나 극성초점 분석으로는 Rooth이론 하에서의 예들을 설명하지 못한다. 다시 말해서 두 분석이 함께 적용되면 VPE에서 초점실현의 모든 가능성들이 설명될 수 있을 것이다. 이것은 다음과 같이 말할 수 있다.

> (45) VPE와 VPA는 VP-요소에 접근가능한 것으로 표시된다. 다른
> 대용사 구문에서처럼 VPE/VPA의 잔여성분들은 담화문맥에
> 따라 다른 정보구조 기능을 자유롭게 가정할 수 있다.

다시 말해서, 대용사 요소는 비강세화되어야 하지만, 잔여성분들의 초점표시는 전적으로 담화에 의존한다. 다음 절에서는 극성초점 분석의 경험적 문제들을 간략히 살펴보자.

2.3.3. 극성초점 분석의 문제점

극성초점 분석에 대해 자세히 조사해 보면 몇 가지 문제가 나타나게 된다. 첫 번 째 예외는 (46)과 (47)처럼 비강세 조동사가 생략위치 바로 왼쪽에 생기는 경우이다.

> (46) a. Ben could have answered the question, but Jan COULDN'T
> həv.
> b. John shouldn't have been being blackmailed, but George
> SHOULD həv been.

> (47) a. Did he come?
> b. He MUST həv. (Hofmann 1976: 98)

여기서 극성가설이 사용될 수는 있지만 특정한 인허장치는 문제가 있다.

VPE의 인허장치는 기능핵과 생략자리 사이에 고유지배의 개념, 일치나 점검 개념을 포함해야한다.[38] 다시 말해서, 중간요소들은 일반적으로 허용되지 않는다. 하지만 극성가설은 인허하는 요소가 초점자질을 지닌다고 주장하고 중간요소들은 비문법성을 일으킨다고 잘못 예견한다. 게다가 예문 (47)은 López & Winkler(2000) 주장과는 반대로, VPE가 추측 조동사(epistemic modal)를 인허자로 허용한다. 이런 문제에 대한 한 가지 해결책으로, Gergel(2005)은 영어 VPE는 (47)처럼 양태 조동사 결합을 설명할 수 있는 해석성 시제-양상 자질 [+tense]을 통해 인허된다고 주장한다. 그러면 양태 조동사 결합에서 구정보들이 돌출되지 못하면 자연히 초점이 실현된다.

두 번째 예외는 문장이 음성적으로 명백한 극성요소를 포함하지 않는 경우이다. 예문 (48)을 살펴보자.

(48) John might solve the problem and Mary might, TOO.

예문 (48)은 첨사 *too*를 포함하는데, *too*는 첫 번째 대등구와 두 번째 대등구의 긍정극성을 나타내기 위해 쓰인다.

세 번째 예외는 (49) 예문들이 대조적 극성이 아니라 대조적 양태(modality)를 보여준다는 것이다.

(49) a. John MIGHT solve the problem, but Mary WILL.

b. Everyone knows that Ray can cook, but the question is whether he DOES.

c. Why, it's that the child MAY keep it up—and that the child assuredly WILL—without my knowing it. (Henry

---

38) 기능핵은 Infl, Tense, 또는 Σ를 나타낸다.

James (1898: 47) *The Turn of the Screw*.)

예문 (50)은 복잡한 경우인데, 긍정극성 문제에 대한 대답이 첫 번째 양태 조동사의 부정극성에 대한 초점을 나타낸다. 그러나 두 번째 양태 조동사에 대한 초점은 극성초점에서 시제초점으로 전환된다. 따라서, *can't*에 대한 강세는 극성초점이 아니라 시제의 대조적 초점으로 해석되어야 한다.

(50) a. And you could bear it?

b. NO. I COULDN'T - and I CAN'T now!

(Henry James (1898: 41) *The Turn of the Screw*.)

요약해 보면, VPE에 대한 극성초점 접근법은 본질적으로 두 가지 상호작용하는 목표를 두고 원리와 매개변항 체계를 따른다. 첫째는 VPE를 설명할수 있는 좀더 일반적인 과정과 제약들을 위해 조사하는 것이다. 특히 VPE와 IP-생략과 NP-생략이 포함되는 공범주에 대한 인허조건을 조사한다. 이것은 인허조건 (41)을 도입함으로써 이루어졌다. 둘째는 여러 언어에서 인허조건이 맞는지 검증하는 것이다. 여기서 주된 문제는 다음과 같다. VPE가 독일어에서 존재하는가? 만약 존재하지 않는다면 같은 원리로 설명될 수 있는 비교할만한 대용사 구문 유형이 있는가?

(10)을 소개하면서, 대용형 분석을 지지하는 주장들을 살펴보았다. 이 절에서는 도출적 접근의 통사적 삭제분석에 대한 주장들을 다루지 않았다. 이제 영어에서 VPE에 포함되는 구조가 있다는 증거를 보이겠다.

2.4. VPE 도출방식에 대한 증거

예문 (3a)와 같은 영어 VPE와 예문 (4a, b)와 같은 독일어 VPE를 같은 부류로 보는 가설에 대해 이의를 제기하는 VPE의 대명사류 분석에는 많은 문제가 있다. 가장 중요한 문제는 많은 통사적 효과가 생략위치 안에서 일어난다는 것이다. 이런 통사적 효과들은 일반적으로 결속원리 위반, 기생공백 (parasitic gap)과 같은 결속과 동일지시효과는 물론 섬 효과, 선행사포함삭제 (Antecedent Contained Deletion), 그리고 유사공백(pseudogapping) 같은 통사적 추출에서 생겨난다. 이런 효과들은 그 생략자리가 소리가 아니라 통사구조로 구성된다는 가정하에서만 설명될 수 있다.

2.4.1. 통사적 주장: 추출에서 드러난 증거

이 절에서는 VPE 하에서의 이동과 섬효과와 선행사포함삭제에서 나오는 주장들을 논의하겠다. 먼저 VPE 하에서의 이동과 섬효과를 살펴보자. 생략자리에서의 통사적 추출은 대용형이 생략위치에서 생긴다고 가정하는 분석에 문제를 일으킨다. (51) 예문들은 생략위치에서의 *wh*-추출을 포함하여, A'-이동된 요소와 그 흔적사이에 운용사-변항 형태를 만들어낸다.

(51) a. I know which book Max read, and which book Oscar didn't
　　　　[$_{VP}$ read (which book)]. (Johnson 2001: 456)

　　b. This is the book of which Bill approves, and this is the one
　　　　of which he doesn't [$_{VP}$ approve (of the book)]. (Fiengo &
　　　　May 1994: 229)

만약 *wh*-섬, 복합 명사구 또는 부가어섬으로부터 *wh*-요소가 A'-이동하면, (52)처럼 비문법적인 문장이 된다.

(52) a. *I know which book Mag read, and which book Mr. Yunioshi asked why you hadn't.

b. *I know which book Mag read, and which book Mr. Yunioshi read my report that you hadn't.

c. *I know which book Mag read, and which book Mr. Yunioshi discussed after I had.

Kennedy(2003: 30)는 화제화에서도 유사한 현상이 나타난다는 것을 주목 했다. 목적어 DP는 관계절로부터 화제화될 수 없어서 (53b)는 비문법적이다.

(53) a. DOGS, I understand, but CATS I don't.

b. *DOGS, I understand, but CATS, I don't know a single person who does.

중요한 문제는 추출 요소가 어디에서 나오는가 하는 것이다. 그 해답은 생략위치가 통사구조를 포함한다는 분석에서는 간단하다. 추출은 VP 삭제가 일어나기 전에 발생한다. 대용형 분석에서는 이런 자료들에 대한 설명이 더 포함되어야 한다. 만약 남겨진 것이 공대명사류라면, 이동된 요소는 다른 어 딘가에서 나와야 한다.

Hardt(1993)는 (51)과 (53)에서 관찰한 것은 (54)와 같은 순수 유사공백구 문에서의 *wh*-추출 경우로 보면서 이 문제를 해결하고 있다.

(54) a. Manny plays the cello and Anna does [play] the violin.

b. The DA proved Jones guilty and the Assistant DA will [prove] Smith guilty.

유사공백구문은 조동사나 양태 조동사 뒤에 동사가 생략되고 외현적 논항을 남긴다. 유사공백구문에서의 문제는 유사공백이 VPE로 가장 잘 분석된다는 증거를 찾는 것이다.

둘째로 선행사포함삭제(ACD) 주장을 살펴보자. 생략위치에서의 *wh*-이동과 같은 통사적 추출이 유사공백구문에서의 *wh*-추출로 재해석될 수 있지만, 이것은 생략위치가 선행사에 포함되는 ACD 구문에 대해서는 분명하지 않다.

(55) I [read [every novel that you did t_i]].

생략된 VP가 선행사 역할을 하는 VP 내에 포함되기 때문에, ACD는 흥미로운 문제를 일으킨다. VPE가 통사요소의 삭제나 동일한 선행사 VP의 복사를 포함한다는 가정하에서는, 선행사로 가능한 유일한 VP는 공(empty) VP를 관할하고 포함한다. 이런 현상은 (56)과 같이 무한회귀(infinite regress) 문제이다. 선행사에 내포된 공 VP는 그 문장에 한정된 내용이 없게 한다.

(56) I [read [every novel that you did [read every novel that you
    did [vp e]]].

회귀문제를 해결하기 위한 다양한 방식이 있다. 가장 주목할 만한 방식은 양화사인상 분석(Sag 1976, May 1985, Larson & May 1990)과 A-이동 분석(Hornstein 1994)이다. 그들은 대용사적으로 관련되어있는 VP 아래에서부터 생략위치를 제거하려고 한다. QR 분석 지지자들은 양화적 NP가 VP로부터 이동되고 LF 층위에서 IP에 부가된다고 가정한다. 즉 (57a)처럼 QR과 (57b)처럼 DP에 VP를 복사하는 두 과정을 요구한다. 이 두 과정은 (58)에서 설명된다.

(57) a. LF1: [every novel that you did [$_{VP}$ e]] [I [$_{VP}$ **read** t$_i$]]

　　 b. LF2: [every novel that you did [$_{VP}$ **read** t$_i$]] [I [**read** t$_i$]]

(58)

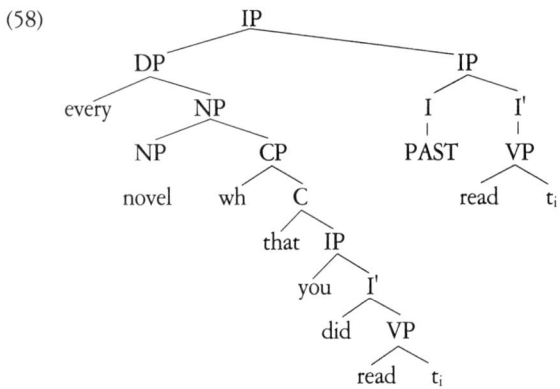

① LF에서 DP를 IP에 부가하기
② LF에서 VP를 DP에 복사하기

A-이동 분석에서 목적어 DP는 격 표시를 위해 (59)처럼 spec, Agro로 이동한다.

(59) a. I read everything that you did [e].

　　 b. I$_j$ [$_T$ [$_{Argo'}$ [everything that you did [e]]$_i$ [$_{Agro}$[$_{VP}$ t$_j$ [$_{VP}$ read t$_i$]]]]]

두 방식이 모두 생략자리에서 통사구조를 전제로 한다. 반면 대용형 분석은 무한회귀 문제를 해결할 수 없다.

결국, 섬제약, 유사공백과 ACD와 같은 추출현상은 생략된 VP에는 흔적이 있다는 것을 나타낸다. 유사공백이 추출작용에 대한 입력이라 할지라도,

유사공백 자체는 VPE로 축소될 수 있다.

2.4.2. 통사적 동일조건과 결속이론에서 드러난 증거

결속이론에서의 증거는 생략위치가 결속이론 효과에 책임이 있는 통사구조를 포함한다는 것이다. 그 주장은 통사적 동일조건이 생략위치와 그 선행사 사이에 유지되어야 한다는 것이다. William(1977a)과 같은 재구성 방식이나 Sag(1977)와 같은 삭제 방식 모두가 선행사와 생략위치사이에 유지되는 통사적 동일조건을 가정하고 있다. 이 이론들 하에서는 결속이론 위반에서 나오는 통사효과가 예상된다. 먼저 결속이론 A 위반을 살펴보자.

(60a) 문장에서 엄밀한 해석은 *Bill*도 *John*을 나무라는 해석을 얻기가 어렵다. 왜냐하면 만약 (60b)처럼 대용사가 *John*과 동일지표된다면 그것은 결속원리 A를 위반하기 때문이다.

(60) a. John blamed himself, and Bill did too.
　　 b. John$_i$ blamed himself$_i$, and Bill$_j$ [$_{VP}$ blamed himself$_{j/*i}$] too.
　　 (Kitagawa 1991)

만약 그 선행사가 양화사이면 엄밀한 해석은 완전히 배제된다(Reinhart 1983a, b).

(61) a. Everyone$_i$ respects himself$_i$ and Ben does, too.
　　 b. Everyone$_i$ respects himself$_i$ and Ben$_j$ [$_{VP}$ respects himself$_{j/*i}$], too.]

(62)에서 상이한 지시 효과의 반영은 결속원리 B의 결과이다.

(62) a. *Ben takes care of him$_i$ because he$_i$ won't.

　　b. *Ben takes care of him$_i$ because he$_i$ won't [$_{VP}$ take care of him$_i$]. (Kennedy 2003: (4))

(63a)의 비문법성은 결속원리 C에서 나온다. 지시적 표현 *Bill*은 같은 영역에서 대명사와 동일지시 될 수 없다.

(63) a. *The lawyer defended Bill$_i$, and he$_i$ did too.

　　b. *The lawyer defended Bill$_i$, and he$_i$ [$_{VP}$ defended Bill$_i$] too.

　　(Kitagawa 1991)

생략위치에서 통사구조에 대한 주장과 대용형 분석을 지지하는 주장은 둘 다 타당성이 있는 것 같다. 그러므로 하나만 추구하는 대신, 위의 증거가 (9)에서 언급된 생략에 대한 비통합 혼성초점 분석을 주장하려고 한다. 이 분석은 독일어 동사구 생략 논의에 핵심이 된다.

이 혼성초점 분석은 Wasow의 공구조가설(ESH)을 현대적으로 설명한 것이다. 위에서 제시된 증거는 VPE는 국면에 의해서 통사적으로 도출되고 해석되는 대용사라는 것을 보여준다. 그러나 VPE는 또한 본질적으로 담화를 끌어내는 상위 접근가능성 표지로서 역할을 한다. VPE 위치에서의 구조표시에 대한 이러한 쟁점은 국면 비가시성조건(phase invisibility condition)을 도입하면 사라진다.

공백화: 측면이동 분석

Gapping: Sideward Movement Account

1. 서론

Winkler는 제3장에서 동사구 대용화(VP anaphora) 구문과 대조잔여성분 생략(CRE)으로서의 동사구 생략(VP ellipsis) 구문이 여러 측면에서 볼 때 동일한 구문이 아니며 서로 다른 구문이라고 주장했다. 제4장에서는 공백화 현상을 다루는데 이 구문을 대조적 잔여성분 생략의 한 형태로 보고, 다만 대조 잔여성분 생략이 쌍을 이루어 일어나는 특징을 가지고 있다는 제안을 하고 있다. 또한 저자는 이중순환 정보구조가설과 동시연산 분석을 가정하면 공백화 구문이 지닌 여러 가지 특성들이 자연스럽게 설명될 수 있다고 주장한다.

공백화에 대한 많은 기존 분석들은 공백화 구문이 이동 없이 그 자리에서 삭제를 통해 생성된다는 입장을 취하고 있다(Kuno 1976, Klein 1993, Wilder 1997, Hartmann 2000, Fery & Hartmann 2005 등).[39] 그러나

---

39) 물론 모든 삭제 분석이 다 그러한 가정을 하는 것은 아니다. Lasnik & Saito(1991) 나 Kim(1997) 등의 학자들은 공백화 구문이 다른 삭제 구문과 마찬가지로 잔여성

Winkler는 공백화 현상이 두 가지 이동 작용의 결과로 생겨난다고 주장한다. 이 주장에 의하면 첫째로, 잔여성분이 vP 가장자리(edge)의 비논항 위치로 차례로 주제화 이동이나 초점이동을 겪고, 둘째로, 그러한 내부 잔여성분들이 이동하고 남은 vP 구성소가 측면이동(sideward movement)을 겪어서 등위구조를 만든 후 아래쪽 vP 복사들이 PF에서 삭제됨으로써 공백화 구문이 만들어지게 된다.

이러한 분석은 공백화 구문에 대한 Johnson(1996)의 전역이동(Across-the-board, ATB) 분석에 토대를 두고 이를 약간 변형한 것이다. 이 장에서 우리는 공백화 구문이 vP가 측면이동을 겪은 뒤 아래 쪽 vP들이 삭제됨으로써 만들어진다는 측면이동 분석을 지지하는 증거들을 통사적, 의미적, 음성적, 그리고 정보구조론적 차원에서 찾아보고, 그 증거를 제공하겠다.

핵심만 간추린다면, Winkler의 주장은 아래 (1a-c)로 요약될 수 있다.

(1) a. 공백화에서는 vP가 병치 또는 등위접속(coordinated)되고,
     b. 잔여성분들은 vP의 좌측 가장자리로 이동하여 표층의미구조(SSI)에서 대조적 주제나 대조적 초점 잔여성분으로 해석되며,
     c. 잔여성분이 이동하고 남은 vP가 측면이동을 겪은 후 PF에서 음성적 연쇄삭제의 일환으로 아래쪽 vP 복사들이 삭제된다.

저자는 이를 위해 3가지 유형의 증거를 제시하는데 그 증거들은 아래와 같다.

분의 이동 후 구성소 삭제가 이루어지는 구문이라는 입장을 취하고 있다.

(2) a. 영어에서의 음조 추출 분석을 통한 억양 증거(대조적 초점
　　　에 의무적으로 나타나는 H*+L 음조)
　　b. 다중 의문사 의문문에 대한 응답을 통한 초점 테스트
　　c. 부정어를 포함하는 문장의 의미영역 중의성 해소

　이 증거들을 사용한 Winkler의 분석은 잔여성분의 이동을 초점이동으로 본다는 점에서는 이전의 분석들과 유사한 점이 있다. 그러나 중요한 차이점은 문장의 바깥쪽인 CP나 IP까지 잔여성분이 이동하는 것이 아니라 보다 작은 단위의 국면인 vP의 가장자리로 이동한다고 주장한다는 점이다. 결국 Winkler는 Lopez & Winkler(2003)에서 주장했던 바처럼 '모든 국면은 대조의 의미와 연결된 하나 또는 그 이상의 비논항 위치를 가지고 있다'는 가설을 증명하려고 노력하고 있는 것이다. 공백화가 이동이고, 그 이동이 국면에 딸린 비논항 위치를 목표지점으로 하는 이동이라면 그 가설은 자연스럽게 증명되기 때문이다.

2. 공백화의 통사론

2.1. 삭제 vs. ATB 이동 설명

　공백화 구문을 이야기할 때 두 개의 대등절에서 두 번째 대등절의 주 동사(+다른 요소)가 없어지고 그 절 내에 다른 두 개의 요소가 남게 되면 우리는 공백이 있다고 말한다. 아래 (3aB)나 (3bB)가 전형적인 공백화 구문이다.

(3) a. A: Who read which book by Paul Auster?
　　　B: Leon read Leviathan and Manny ~~read~~ The New York
　　　　Trilogy.

b. A: Who didn't read which book by Paul Auster?

B: Leon didn't read Leviathan or Manny ~~read~~ The New York Trilogy.

앞으로의 논의를 위해 두 번째 대등절의 삭제된 요소는 공백(gap)이라 칭하고 첫 번째 대등절의 동일한 요소는 선행사(antecedent)라고 칭할 것이다. 그리고 두 번째 대등절에서 남는 요소들은 잔여성분들(remnants)로, 그에 대하는 첫 번째 절의 요소들은 상응구(correlates)라고 칭할 것이다.

공백화 구문의 두 주요한 분석에는 삭제 분석(Deletion account)과 전역이동(Across-the-board movement account) 분석이 있는데 이들의 주된 차이점은 다음의 3가지이다.

(4) i.   어떤 대등구 또는 절이 등위접속되는가?

ii. 공유되는 구조가 도출과정에서 몇 개나 생성되는가?

iii. 공백화 작용의 대상은 무엇인가 (즉 구성소인가 아닌가)?

Ross(1970)의 분석에서는 두 개의 완전한 절이 등위접속되어서 등위문이 생겨나고 따라서 동사도 2개 생성되게 된다.

(5) a. Tom has a pistol and Dick a sword.

b. [$_{S/IP}$ Tom has a pistol] and [$_{S/IP}$ Dick ~~has a~~ sword]]

위 (5a)의 공백화 구문은, (5b)에서 보듯 두 개의 동일한 절이 접속된 구조에서 출발하며, 두 번째 대등절에서 동사가 나타나지 않는 것은 본래 심층구조에서는 존재하던 동사가 앞 절의 동사를 토대로 동일성 조건하에서 삭제되었기 때문이라고 설명된다.

Ross(1970)나 Sag(1976)에서와 같은 초기 삭제 분석에서는 소위 비구성소 삭제(non-constituent deletion)가 허락되는데 이 비구성소 삭제의 예들은 아래 (6b,c)에 제시되어 있다. 두 번째 대등절에서 삭제되는 요소들은 겉으로 보기에는 하나의 구성소가 될 수 없는 요소들인데 이들 초기 분석에서는 이동 후 삭제 분석을 활용하지 않고 있었기 때문에 이들을 비구성소 삭제로 분석하게 되었다고 볼 수 있다.[40]

(6) a. My father talked to the guests during lunch, and my mother ~~talked to the guests~~ during dinner.

b. John gave albums to his spouse, and Bill ~~gave~~ tapes ~~to his spouse~~.

c. John watered the tulips flat, and Bill ~~watered~~ the lilies ~~flat~~.

Johnson(1996)은 이러한 삭제 분석의 전통에서 벗어나서 이전과 다른 주상을 하는데 그의 분석이 이전의 삭제분석과 차별화되는 점은 두 번째 대등절에서의 동사의 부재가 삭제에 의해서 일어나는 것이 아니라 다른 이유에 의한 것이라고 주장하는 점이다. Johnson은 공백화 구문에서 두 개의 완전한 절이 등위접속되는 것이 아니라 그보다 작은 단위인 VP가 접속된다는 주장을 편다. (5)의 문장을 예로 들면 이 문장은 Johnson의 분석에서는 다음과 같

---

[40] Winkler의 경우 이러한 초기 분석을 공백화 구문에 대한 삭제 분석의 전형인 것으로 받아들이나 실상은 이러한 예문들을 비구성소 삭제로 분석하지 않고 구성소 삭제로 보는 것이 최근의 입장들이다. 앞서 주1에서 언급했지만 Kim(1997)이나 Lasnik & Saito(1991) 등은 우향이동을 통해 두 번째 잔여성분이 문미로 옮겨가고 가운데 vP 나 IP 등이 삭제되는 분석을 제안하고 있다. 이 경우의 삭제는 비구성소 삭제가 아니라 당연히 구성소 삭제에 해당되게 된다.

은 과정을 통해 생성된다.

(7) i. VP내 주어 가설을 채택하여 일단 VP 안에 두 개의 주어가
　　　다 생성된 후 앞 대등절의 주어만 TP의 지정어 자리로 인
　　　상된다.

　　　$[_{TP}$ Tom$_i$ $[_{VP}$ t$_i$ has a pistol] and $[_{VP}$ Dick has a sword]]

ii. 양쪽 절에 있는 동일한 동사는 전역 이동을 통해 T 자리로
　　인상된다.

　　　$[_{TP}$ Tom$_i$ has$_j$ $[_{VP}$ t$_i$ t$_j$ a pistol] and $[_{VP}$ Dick t$_j$ a sword]]

(7i)의 증거로 제시되는 것은 Siegel(1987)이 발견한 자료들인데 그는 대
등절의 주어가 대명사로 나타나는 경우 그 대명사 주어는 목적격으로 나타나
는 것이 주격으로 나타나는 경우보다 더 자연스럽게 느껴진다고 보고한다.
(8a)와 (8b)의 대조가 이 점을 잘 보여주고 있다.

(8) a. ??We can't eat caviar and he eat beans.
　　b. We can't eat caviar and him eat beans.

그럼 이러한 대조는 왜 생기는 것일까? Johnson의 분석을 채택한다면 첫
번째 대등절의 주어((8)의 경우, we)는 격을 찾아 TP의 지정어 자리로 올라감
으로써 주격을 받게 되지만 두 번째 대등절의 주어는 TP의 지정어 자리로
이동하는 것이 아니라 제 자리에 남아 있게 되기 때문에 주격을 받지 못하고
기본격(default Case)으로 간주되어 목적격을 받아야 한다는 것이다.

그럼 이제 Johnson의 분석에서 정확하게 어떤 과정을 통해 공백화 구문
이 도출되는가를 (6a)를 예로 들어 살펴보도록 하자. (6a)는 (9)과 같은 과정

을 통해 도출되어 결과적으로 (10)의 구조를 지니게 된다.

(6a') MY FATHER talked to the guests during LUNCH and
 my MOTHER talked to the guests during DINNER.

(9) a. 2번째 대등절에서의 도출과정
   i) 주어 *my mother*가 이동하여 VP에 부가된다.
   ii) 전치사구 *during dinner*가 이동하여 VP에 부가된다.
   iii) 나머지 동사구인 *talked to the guests*가 전역 이동을 겪는
    다.
  b. 첫 번째 대등절에서의 도출과정
   i) 주어인 *my father*가 TP의 지정어 위치로 이동한다.
   ii) 전치사구인 *during lunch*가 이동하여 VP에 부가된다.
   iii) 나머지 동사구인 *talked to the guests*가 전역이동을 겪는다.

(10)

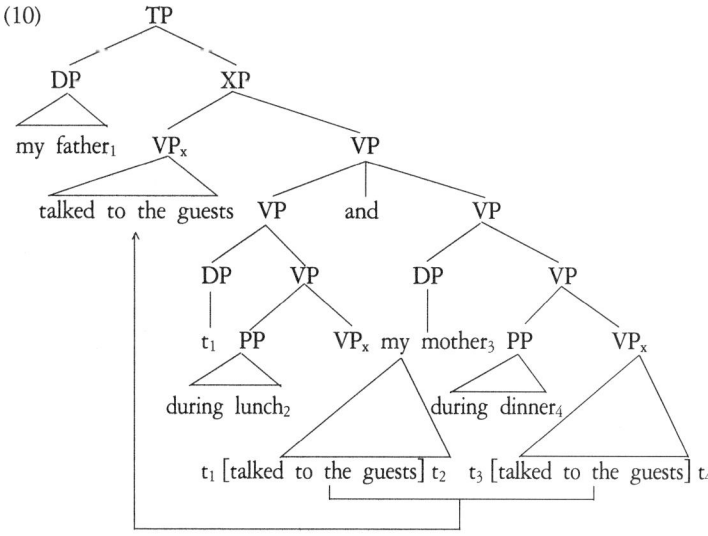

이 분석에서는 Ross(1970)의 분석이 내포하고 있던 비구성소 삭제 문제를 걱정할 필요가 없다는 점에서 바람직한 점이 있으며 이 외에도 이 분석을 뒷받침하는 부정극어와 관련된 추가적 증거를 찾을 수도 있다. 다음 예를 보도록 하자.

(11) During dinner, he didn't address his colleagues from Stuttgart or at any time, his boss, for that matter.

두 개의 대등절이 IP 이상의 상위 단계에서 결합되었다고 보는 이전 분석을 토대로 본다면 위 문장의 두 번째 대등절에 있는 부정극어 *at any time*은 부정어에 의해 성분통어가 되지 않는 위치에 있다. 그럼에도 불구하고 이 문장은 정문이기 때문에 문제가 야기되는데 Johnson의 전역이동 분석에서는 동사보다 앞에 나오는 부정어 *n't*는 실상 부정극어를 포함하여 두 번째 대등절의 어떤 요소보다도 더 높은 위치를 차지하게 된다는 점에 주목할 필요가 있다. 부정어가 부정극어보다 위에 있다는 것은 결국 부정극어 인가조건인 성분통어조건이 만족된다는 것을 의미하므로(cf. Uribe-Extevarria 1994) 이 문장의 문법성이 무리 없이 설명되는 것이다.

또한 대명사 결속 현상도 마찬가지로 Johnson의 분석을 지지해 준다. 이 문장의 문법성을 설명하려면 아래 (12)의 문장들에서 두 번째 대등절의 주어에 포함된 대명사는 첫 번째 대등절의 주어에 의해 결속될 수 있음을 보여야 하는데 Johnson의 주장처럼 첫 번째 대등절 주어만 따로 전역이동을 통해 TP의 지정어 자리로 가고 두 번째 대등절 주어는 동사구를 벗어나지 못하고 있다면 성분통어가 가능하고 따라서 결속이 가능해지므로 이 문장들의 문법성을 잘 설명해 줄 수 있다.

(12) a. Not every girl$_1$ ate a green banana and her$_1$ mother a ripe
   one.

   b. No boy$_1$ joined the navy and his$_1$ mother the army.

그러나 공백화가 일어나지 않은 경우에는 (13)에서 보듯 서로 다른 두 개
의 절이 등위접속된 것으로서 첫 번째 대등절 주어가 두 번째 대등절의 주어
자리를 성분통어하지 못하므로 비문이 되는 것이다.

(13) a. *Not every girl$_1$ ate a green banana and her$_1$ mother sold
   a ripe one.

   b. *No boy$_1$ joined the navy and his$_1$ mother headed the
   army.

이처럼 두 번째 대등절의 주어가 공백화 구문에서 대명사로 나올 시의
격 선택 문제와 부정극어 인가, 그리고 대명사 결속 현상들은 공통적으로 첫
번째 대등구 혹은 대등절이 주어만이 TP 지정어 자리로 상승한다는 Johnson
의 주장을 뒷받침하는 것으로 보인다.

이러한 이점들에도 불구하고 공백화 구문에 대한 Johnson의 전역이동 분
석은 여러 가지 문제점을 극복해야 하는데 가장 중요한 논점들 중 하나가 어
떻게 주어가 대등구조제약(Coordinate Structure Constraint)을 어기고 첫 번째
대등절에서 빠져 나갈 수 있는가 하는 문제이다. Johnson은 이에 대해 논항
이동은 대등구조제약과 무관하다는 주장을 한다. Johnson의 주장은 예외격
표시(ECM) 구문에서 첫 번째 대등종속절의 주어가 주절의 목적어 자리로 올
라갈 수 있다는 다음의 관찰에 토대를 둔다.

(14) Julie has believed Liz for some time [$_{IP}$ [$_{IP}$ t to be honest] and [$_{IP}$ [$_{IP}$ Scott to be entertaining]]

Winkler는 이러한 Johnson의 주장을 대부분 받아들이면서 이를 측면이동 (Nunes 1995, 1998, 2001, Nunes & Uriagereka 2000)과 결합시켜 공백화 구문을 설명하려고 시도한다. 다음 절에서는 Winkler의 이러한 제안에 대해 좀더 자세히 살펴보도록 하겠다.

2.2. 제안: 측면이동에 의하여 생성되는 공백화 구문

Winkler는 Nunes의 측면이동을 공백화 구문에 적용하는데 한 예로 (15a)의 예문이 결과적으로 지니게 되는 (15b)의 구조는 다음과 같은 과정을 거쳐 생성된다고 주장한다.

(15) a. Manny loves Anna and Leon Hanna.
　　 b. [$_{TP}$ Manny [$_{vP3'}$ t_1 loves t_2] [$_{vP1'}$ Anna [$_{vP3'}$ t_1 loves t_2] [and [$_{vP1}$ Leon [$_{vP2}$ Hanna [$_{vP3}$ t_1 loves t_2]]

먼저 두 번째 대등구인 [$_{vP}$ *Leon loves Hanna*]가 생성되고 여기서 주어와 목적어가 비논항위치인 vP의 부가위치로 이동한 뒤 and와 병합시키면 (16a) 즉 K가 된다.

(16) a. K=[and [$_{vP1}$ Leon [$_{vP2}$ Hanna [$_{vP3}$ t_1 loves t_2]]
　　 b. L_1=Anna
　　 c. L_2=Manny

이 (16)의 빈 동사구인 vP3를 K에서 복사해서 (16b)의 L1 *Anna*와 병합하고 이를 다시 (16c)의 L2 *Manny*와 병합하면 (17a)가 생성된다. 이후 EPP 자질을 병합하여 *Manny*를 이동하면 (17b)가 생성된다. 그 다음 순서로 M에서 [$_{vP3'}$ t_1 *loves* t_2]를 복사하여 주어자리에 있는 *Manny*의 뒤에 옮기면 (17c), 즉 O가 생성된다.

(17) a. M=[$_{vP1'}$ Manny [$_{vP2'}$ Anna [$_{vP3'}$ t_1 loves t_2]]

    b. N=[$_{TP}$ Manny [$_{vP1'}$ t [$_{vP2'}$ Anna [$_{vP3'}$ t_1 loves t_2]]]

    c. O=[$_{TP}$ Manny [$_{vP3'}$ t_1 loves t_2] [$_{vP1'}$ t [$_{vP2'}$ Anna [$_{vP3'}$ t_1 loves t_2]]]

마지막으로 P(=18a)와 K(=16a)를 병합하면 S(=18b)가 생성된다.

(18) a. P=[$_{TP}$ Manny [$_{vP3'}$ t_1 loves t_2] [$_{vP1'}$ t [$_{vP2'}$ Anna [$_{vP3'}$ t_1 loves t_2]]]

    b. S=[$_{TP}$ Manny [$_{vP3'}$ t_1 loves t_2] [$_{vP1'}$ t [$_{vP2'}$ Anna [$_{vP3'}$ t_1 loves t_2]] [and [$_{vP1}$ Leon [$_{vP2}$ Hanna [$_{vP3}$ t_1 loves t_2]]

이제 여기서 연쇄 삭제(Chain Reduction, CR)를 통해 아래 쪽 복사들을 삭제하면 (16)이 생성되게 된다.

(19) T=[$_{TP}$ Manny [$_{vP3'}$ t_1 loves t_2] [$_{vP1'}$ t [$_{vP2'}$ Anna] [and [$_{vP1}$ Leon [$_{vP2}$ Hanna]]]]]

이 과정에서 일어나는 이동에는 다음의 4 종류가 있다.

(20) i. 두 번째 vP 대등구에서 주어와 목적어가 비논항 위치인
vP에 부가되는 이동 (vP1과 vP2 생성).

ii. 이들이 이동하고 남은 vP(vP3)의 첫 번째 대등구로의 측
면이동 (vP3' 생성).

iii. 첫 번째 대등구에서 비논항위치로의 잔여성분의 이동과
이를 뒤따르는 주어의 TP 지정어자리로의 이동

iv. 첫 번째 대등구에서 선행사 역할을 하게 되는 성분들이
이동하고 남은 vP가 주어 바로 뒷자리로 가는 이동.

(20i)과 (20iii)은 각 국면에 가장자리 자질인 초점과 주제 자질 ([F]/[T])
이 있어서 일어나는 현상이라고 볼 수 있는데 그렇다면 (20ii)와 (20iv)는 왜
일어나는가 하는 의문이 생긴다. Winkler는 이 두 이동이 같은 이유에 의해
일어난다고 보는데, 즉 Kayne(1998)의 주장을 받아들여서 이 두 이동이 표면
에서 SVO 어순을 복구시키기 위한 보수기제(repair mechanism)의 일환으로
촉발되는 일종의 동사구 뒤섞기 이동이라고 주장한다.[41]

Winkler는 이러한 분석이 기존 삭제 분석보다 우월하다고 주장을 하는데
이를 뒷받침하기 위해 3절에서는 측면이동을 뒷받침하는 증거들을 다룰 것
이다.

3. 측면이동 분석의 증거들

3.1. 공백화의 정보구조: 쌍을 이룬 대조적 잔여성분

공백화에 관해 공통적으로 학자들이 관찰한 내용은 삭제되는 요소들이

---

[41] 그러나 실제로 정확하게 어떻게 이 부수기제가 측면이동을 유발하는가에 대한 명
확한 설명을 Winkler는 제공하고 있지 않아서 이해에 어려움을 초래한다.

맥락을 통해 주어진다는 것, 그리고 2번째 대등구의 잔여성분이 첫 번째 대등구의 상응구들과 대조적 관계에 있어야 한다는 것이다(Kuno 1976, 1982, Sag 1976, Johnson 1996 등). 또한 전통적으로 공백화와 다중 의문사 의문문 사이에 관련이 있다는 관찰이 있어 왔는데 예를 들어 Kuno(1982)는 공백화를 포괄적 주제−초점구조를 지닌 다중 의문사 의문문에 대한 쌍 나열(pair-list) 응답의 한 유형으로 분류한다. 이렇게 본다면 공백화 구문의 특징은 다음과 같이 포착이 가능하다.

(21) 대조적 주제와 초점원리
    공백화에서 첫 번째 잔여성분은 대조적 주제이고 두 번째 잔여성분은 대조적 초점이다. 또한 공백 부분은 (맥락에 의해) 주어져야 한다.

(21)은 (22)과 같은 잘못된 공백화 구문들을 비교적 잘 설명해 낼 수 있다. 아래 (22a)와 (22b) 어느 것도 *Who bought what*이라고 하는 다중 의문사 의문문에 대한 답으로 적절하지 못하는데 이는 이들이 쌍 나열 응답들에 요구되는 대조성을 지키지 못하고 있기 때문이다.

(22) a. *John bought APPLES \, and John/he BANANAS \
        cf. John bought apples and John bought bananas.
     b. *JOHN \ bought apples, and MARY \ apples
        cf. John bought apples and Mary bought apples.

공백화 구문이 아닌 경우 그러한 제약과 무관하기 때문에 위 (22b)에서 보듯 문장이 허락된다고 Winkler는 해석한다.

(21)의 원리는 또한 정보구조 측면에서의 잘못된 결합 때문에 생기는 비문들도 설명해 준다. 아래의 예문들을 보자.

(23) a. *JOHN gave ALBUMS to his spouse, and
BILL   gave   tapes   to his SPOUSE.
b. JOHN gave ALBUMS to his spouse, and
BILL   gave   TAPES   to his spouse.
c. JOHN gave albums to his SPOUSE, and
BILL   gave albums to his PARTNER.

위에서 (23a)가 비문이 되는 이유는 (23a)가 적절한 대답이 될 만한 다중의문문을 형성하는 것 자체가 불가능하기 때문이다. 반면에 (23b)와 (23c) 같은 경우는 각각 *Who gave what to his spouse?*와 *Who gave albums to whom?*의 질문에 대한 답이 되므로 공백화 구문이 될 수 있다고 할 수 있다.

(21)은 또한 소위 짝 없는 잔여성분이 왜 허락되지 않는지도 설명해 준다. 아래 (24)를 보자.

(24) a. SOME talked with YOU about POLITICS and
OTHERS talked with ME about MUSIC.
b. *SOME talked about POLITICS and
OTHERS talked with ME about MUSIC.

(Schwarz 1999의 예문)

(24a)는 *Who talked with whom about what?*에 대한 답이 되지만 (24b)는 그렇지 못하고 (24b)를 응답으로 취할 적절한 다른 질문을 만드는 것도 불가능하다.

이러한 모든 증거들을 종합해 보면 공백화와 다중의문사의문문 사이에는 밀접한 관련이 있고 따라서 앞의 (21)의 주장, 즉 공백화에서 첫 번째 잔여성분은 대조적 주제이고 두 번째 잔여성분은 대조적 초점이라는 주장이 뒷받침된다고 할 수 있다.

3.2. 부정어의 의미영역

첫 번째 대등절에 나타나는 요소들(부정어나 법조동사들)이 두 번째 대등절에 나타나는 요소들에 대해 광의미영역을 지닐 수 있다는 관찰이 문헌에 보고되어 왔는데 이것이 바로 vP 등위접속을 지지하는 증거라고 Winkler는 주장한다. 이러한 의미영역에 대한 관찰은 Siegel(1984)이 최초로 한 것으로 알려져 있는데 그는 (25)의 문장이 중의적이어서 (26a)와 (26b)의 두 가지 해석을 가질 수 있다고 보고하고 있다.

(25) Ward can't eat caviar and Sue beans.

(26) a. Ward can't eat caviar and Sue can't eat caviar. (not < and)
　　 b. It can't be that Ward eats caviar and Sue beans. (not > and)

부정어가 협의미영역을 지니는 (26a)의 경우는 삭제 분석에서 주로 가정되는 (27)의 구조로도 쉽게 설명이 가능하다.

(27) [IP Ward can't eat caviar] and [IP Sue can't eat caviar].

(27)과 같이 IP(혹은 CP)가 등위접속되었다고 볼 경우에는 당연히 *and*가 부정어보다 높은 위치에 있게 되므로 부정어가 협의미영역을 지닐 수 밖에

없게 된다. 그러나 이러한 분석의 문제점은 어떻게 부정어가 광의미영역을 지닐 수 있는가에 대해서 뚜렷한 답을 제공해 주기 어렵다는 점이다.

그러나 Johnson의 전역이동분석이나 Winkler의 측면이동분석에서는 이 것이 문제가 되지 않는다. 왜냐하면 이들의 구조에서는 부정어가 통사적으로 대등구인 VP나 vP 보다 더 높은 위치에서 이들을 성분통어하게 되므로 당연 히 광의미영역을 지니게 되기 때문이다. 아래 제시된 Johnson의 구조가 이 점을 잘 보여준다.

(28) $[_{TP}$ Ward$_i$ can't$_j$ eat$_k$ $[_{VP}$ t$_i$ t$_j$ t$_k$ caviar] and $[_{VP}$ Sue t$_j$ t$_k$ beans]]

3.3. 억양 증거

Winkler는 Oehrle(1987)를 따라서, 앞서 논의된 부정어의 두 가지 의미영 역이 각기 다른 억양 유형과 연결된다는 것을 보이고 이 사실이 vP 등위접속 에 대한 또 다른 증거가 된다고 주장한다. Oehrle(1987)의 주장을 요약하면 부정어가 광의미영역을 지닐 때는 문장의 하나의 억양구로 읽혀지고 협의미 영역을 지닐 때는 두 개의 독립된 억양구가 접속된 것처럼 읽힌다는 것이다. 이를 좀 더 자세히 살펴 보면 다음과 같이 요약할 수 있다.

(29) 광의미영역
부정어가 광의미영역을 취하기 위해서는 문장이 하나의 억양 구로 읽혀지는데 이때 두 대등구 사이에는 휴지(pause)가 없 어야 하고 전체적으로 하나의 중핵어 강세가 (마지막 구성소 에) 나타나게 된다.

(30) 협의미영역

부정어가 협의미영역을 취하기 위해서는 문장이 두 개의 억양구가 합하여진 것처럼 읽혀지는데 이때 각 억양구마다 중핵어 강세가 존재하고 첫번째 대등구 뒤에서는 억양 경계가 생기게 된다.

Oehrle는 더 나아가 공백화 구문에서 첫 번째 대등절에 부정어나 법조동사가 없으면 이 두 가지 억양 패턴이 다 가능하지만 일단 부정어나 법조동사가 있으면 두 번째 억양 패턴, 즉 두 개의 독립된 억양구가 결합된 것처럼 들리는 패턴의 경우 부정어나 법조동사의 광의미영역 해석이 실질적으로 불가능해진다고 주장한다.

Winkler는 공백화와 관련해서 Oehrle의 이 주장을 받아들여 공백화구문에서 의미영역에 기반을 둔 중의성이 있을 경우 운율을 사용해 이 중의성을 해소할 수 있다는 입장을 취하고 이를 아래의 가설로 나타낸다.

(31) 운율적 중의성 해소 가설

음성형태부에서는 각기 다른 음운론적 단위를 토대로 순환적으로 각기 다른 억양 유형을 도출시킨다.

먼저 Siegel(1984) 유형의 예문인 *Leon can't eat caviar and Anna beans*는 부정어가 협의미영역을 가질 시에 (32b)와 같은 억양유형을 가진다.

(32) a. LEON can't eat CAVIAR and ANNA BEANS.
   b. $L+H^*$ $H^*L\text{-}L\&$ $L+H^*$ H^* $L\text{-}L\%$

이 협의미영역은 *Who can't eat what?*이라는 다중의문사 의문문의 답으로 기능하는데 양쪽 대등구에서 똑같이 첫 번째 잔여성분에서는 음조가 상승하고 두 번째 잔여성분에서는 하강하는 유형을 보인다. 이를 인지할 시에 사람들은 두 개의 각기 다른 완전한 음운론적 단위가 존재한다고 인지하며 각 단위에서 대조되는 성분들이 짝을 이루고 뒤쪽 대등구에서는 동사와 부정어(또는 부정조동사)가 생략되었다는 인식을 하게 되는 것이다.

부정어가 광의미영역을 취하는 경우에는 위와 다른 억양 유형이 관찰된다.

(33) a. LEON CAN'T eat CAVIAR and   ANNA   BEANS.
    b. (H*)   H*L   H*+L H-   (H*)   H*+L H%

먼저 첫 번째 상응구인 *Leon*이 강세를 받아 고음조로 시작한 뒤 부정어와 함께 축약된 조동사 *can't*에서 음조가 급하게 떨어지게 된다. 두 번째 상대구인 *caviar*에서는 하강 후 다시 상승하는 유형을 보이는데 이는 정보의 지속을 강하게 시사하는 기능을 한다. 두 번째 대등구에서는 첫 번째 잔여성분이 음조강세를 받은 뒤 두 번째 잔여성분에서는 음조하강이 일어난다.

부정어가 양쪽 대등구보다 더 광의미영역을 가지는 해석은 상황맥락을 잘 제공하지 않으면 얻기가 힘든 경우가 많다. Winkler는 이를 위해 다음과 같은 예문과 맥락을 사용한다.

(34) The left eye can't go up and the other one down.

(35) a. The left eye can't go up and the other one can't go down.

    b. It can't be the case that the left eye goes up and the other one down.

부정어가 협의미영역을 지니도록 하기 위해서 사용한 질문은 (36)에 제시되어 있고 이 질문에 대한 대답 중 부정어가 협의미영역을 가질 경우의 이 문장의 억양 유형은 (37)에 주어져 있다.

(36) What can't Lenny's eyes do?
(37) a. The LEFT eye can't go UP and the OTHER one DOWN.
     b. H^*+L $H^*+L\%$ H^*+L $H^*L\text{-}L\%$

첫 대등절에서는 *eye*가 구정보이므로 *left*에서 자연히 음조하강을 겪게 되고 *up*에서도 역시 하강을 겪게 된다. 두 번째 대등구에서도 마찬가지로 *other*와 *down*에서 하강이 일어나게 되고 청자들은 이 두 대등구를 각각의 독립적인 억양구로 인식한다.

부정어의 광의미영역을 위해 Winkler는 두 눈이 따로따로 아래와 위쪽으로 움직일 수 있는 카멜레온의 그림을 제시하는데 이러한 움직임이 사람에게서는 불가능하기 때문에 특정한 해석으로 이어지게 된다. 광의미영역과 연결되는 억양유형은 (38)이다.

(38) a. The LEFT eye CAN'T go UP and the other one DOWN.
     b. H^*+L H^*L $L^*H\text{-}$ $H^*+L\ L\%$

먼저 *left*에서 하강이 일어나고 *can't*에서는 급격한 하강이 일어나며 *up*에서 음조강세가 주어진 뒤 거의 휴지기간이 없이 직접 두 번째 대등구로 넘어가서 첫 부분은 그대로 음조의 변화 없이 지나가고 마지막 부분에서 하강이 일어나게 된다.

이러한 관찰들을 종합해 보면 두 개 이상의 억양구로 이루어진 억양 유형은 부정어가 연결사인 *and*에 대해 협의미영역을 가지는 해석과 연결이 되는데 이 경우 이 억양은 주제들(즉, 첫 번째 상대구와 첫 번째 잔여성분)을 초점 상대구와 초점 잔여성분과 짝지워주는 역할을 담당하는 것이다. 반대로 전체가 하나의 억양구로 읽히는 경우에는 필연적으로 부정어와 조동사의 결합에 강한 강세가 오게 되고 이것이 부정어의 광의미영역 해석을 낳게 되는 것이다.

Winkler는 이 억양 유형에 대한 관찰을 측면이동과 연결시켜서 두 가지 가설을 제안한다.

(39) 단일 억양구가설
     가장 상위의 vP가 SSI에 의해 최소의 국면으로 해석되어지고
     이것이 음성형태부로 보내지면 광의미영역 해석이 결과된다.
     음성형태부로 들어오는 매 구조는 따로 따로 억양 유형을 부
     여받게 된다.

(40) 다중 억양구가설
     두 개의 등위접속된 vP가 SSI에 의해 독립된 국면으로 해석
     되어지고 PF에 따로 따로 보내지면 협의미영역 해석이 결과
     된다. 음성형태부로 들어오는 매 구조는 따로 따로 억양 유
     형을 부여받게 된다.

Winkler는 통사부와 표층의미해석(SSI), 그리고 표층의미해석과 음성형태부 사이의 관계를 설정함에 있어 간접지시가설을 따른다. 통사적 구조가 어떻게 음운구조로 변환되는가에 관해서는 직접지시가설(Kaisse 1985 등)과 간접지시가설(Inkelas 1989, Truckenbrodt 1999 등)의 두 가지 입장이 맞서고 있는데 전자는 음운규칙들이 직접 통사부 구조를 참조할 수 있다는 입장이고

후자는 음운규칙들이 운율적 구성소구조(prosodic constituent structure)만 참조할 수 있다는 입장을 취한다. Winkler는 바로 이 후자의 입장인 간접지시가설을 받아들이고 이를 토대로 최소의 국면인 vP가 정보초점 표시 단계에서 음운단위와 공존(coextensive)할 수 있다는 주장을 편다.

(41) 공존가설
　　　최소의 통사국면인 vP는 초점/주제 자질을 포함하고 있지 않
　　　을 경우, 그리고 바로 그 경우에만 음운구와 공존할 수 있다.

또한 Winkler는 Hayes & Lahiri(1991)를 따라서 억양구와 중간구가 각각 운율위계 영역들에 있어서의 억양구(intonational phrase, ip)와 음운구(phonological phrase, pp)에 일치한다고 주장한다. 아래에 Hayes(1990)의 운율위계를 참조로 제시한다.

(42) Hayes의 운율 위계

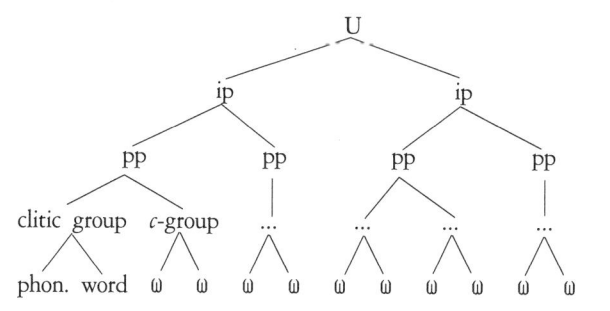

운율구조와 통사구조를 연결시키기 위해 Winkler가 하는 주장은 일반적

으로 vP는 신정보 영역으로 기능하며 자체로서 하나의 음운구 (pp)를 형성한다는 것이다. 그러나 이 때 공백화의 경우처럼 이 vP 국면의 도출에 주제나 초점 자질에 내포되어 있으면 그러한 음운구 형성이 불가능해지게 된다. 주제나 초점 자질에 의해 이동이 일어나서 초점구나 주제구가 어떤 자리에 옮겨가게 되면 바로 그 우측 부분에 음조 그룹 경계가 생기게 된다 (Truckenbolt 1999 참조).

(43) 음운구 경계 삽입 (Insertion of Phonological Phrase Boundary)
이동한 구성소는 우측에 음운구 경계를 만들어 낸다.

이제 이러한 이론적 가설들을 토대로 협의미영역과 광의미영역을 각각 설명해 보면, 먼저 협의미영역의 경우 두 개의 등위접속된 vP들이 각각 표층 의미해석에 의해 독립 국면으로 인식되고 따로 음성형태부로 보내지게 된다. vP에는 주제와 초점 자질이 있고 이들에 의거해 이동이 발생하면서 음운구 경계가 각 대등구에 생기게 된다. 그 결과 아래 (44)에 보듯 이동된 각각의 잔여성분들은 스스로 하나의 음운구(pp)를 이루게 된다.

(44) 부정어가 협의미영역을 지닐 때의 구조

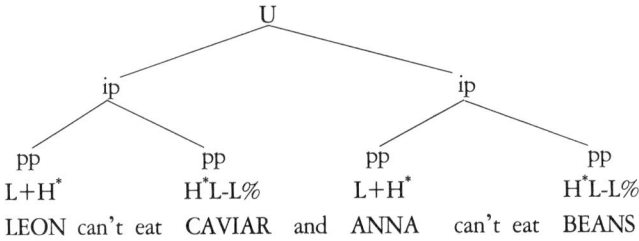

광의미영역의 경우는 상황이 달라서 각각의 대등구 vP가 별개의 국면으

로 인지되는 것이 아니라 이들이 결합된 가장 높은 자리의 vP가 표층의미해석에 의해 최소의 국면으로 인지되고 이것이 음성형태부로 보내진다.

(45)

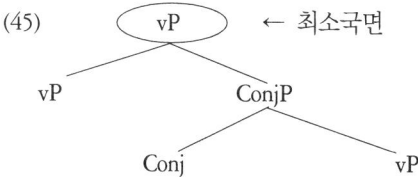

이 경우는 (44)의 구조에서와 달리 caviar 뒤에 아무런 음운구 경계가 생기지 않고 eat caviar and Anna beans가 하나의 음운구(pp)를 형성하게 된다 (=46).

(46) 부정어가 광의미영역을 지닐 때의 구조

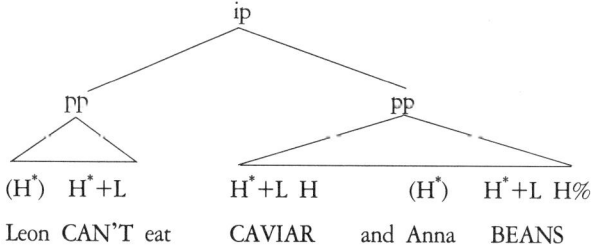

3.4. vP의 비논항 위치에 대한 증거

Winkler는 vP에 잔여성분과 상대구를 옮겨서 이들이 초점의 역할을 하도록 만들기 때문에 이 자리가 초점 해석이나 주제해석과 관련된 비논항 위치임을 증명하려고 시도한다. 3.4에서는 vP의 가장자리 자리가 바로 이러한 비논항 위치임을 보이는 증거들을 논의하고 있다.

3.4.1. vP 가장자리와 의문사 이동

Chomsky(1986, 1995)는 의문사 이동이 vP의 가장자리 위치를 들러서 간다고 주장했고 여러 학자들이 이를 뒷받침하는 증거들을 제시해 왔는데 Fox가 제시한 다음의 증거도 그 중의 하나이다.

(47) [Which of the papers that he$_i$ wrote for Mrs. Brown$_j$] did every student$_i$ get her$_j$ to grade t?

이 예문에서 *he$_i$*의 변항 결속이 올바로 일어나기 위해서는 의문사구가 *every student$_i$* 보다 낮은 자리, 즉 vP의 가장자리 자리로 재구되어야 한다는 것이 Fox의 주장이다. 출발점인 *t* 자리로 가면 Mrs. Brown이 결속이론 C를 어기게 되므로 결국 유일하게 남은 위치가 vP 의 가장자리 자리이고 따라서 이 위치가 의문사구가 거쳐가는 비논항 위치라고 할 수 있다. 그렇다면 t 위치에서 이 vP로의 이동은 왜 일어났는가 하는 의문이 생기는데 이는 결국 vP 자리에 F 자질이 있어서 생긴다는 것이 Winkler의 해석이다.

다만 이 경우 vP 가장자리 위치는 의문사구가 외현통사부에서 가시적으로 정착하는 자리가 아니라 거쳐가는 자리인데 과연 외현통사부에서 의문사구가 이 자리에 머무르는 경우는 없는가 하는 의문이 생긴다. 이에 대해 Winkler는 공백화 구문에서 그러한 예를 찾아볼 수 있다는 주장을 편다. 다음의 예문을 보자.

(48) a. Bill asked which books I gave to Mary and [$_{vP}$ which records to John]
b. Bill asked which books I gave to which students and [$_{vP}$ which bones to which dogs]

이 문장들은 처음 보기에는 공백화 구문에 CP 등위접속이 가능하다 (Pesetsky 1982, Hartmann 2000)는 것을 보이는 증거처럼 생각될 수도 있으나 Winkler는 그것이 겉보기와는 달라서 사실이 아니라고 주장한다. 그 증거로 그녀는 (48) 문장들의 부정문에서 부정어가 두 대등절(혹은 *and*)보다 더 광의미영역을 지닐 수 있다는 점을 들고 있다. 즉 (49a)는 (49b)의 의미를 가지기 때문에 결국 의문사구 잔여성분의 위치가 동사구의 가장자리 위치라고 보아야 한다는 것이 Winkler의 결론이다.

(49) a. Bill asked which books I didn't give to Mary or which records to John.

b. Bill asked which books I didn't give to Mary and which records I didn't give to Susan.

3.4.2. vP 가장자리 위치와 주제화 변형을 겪는 구

대조적 주제와 대조적 초점이라고 불리는 구들이 제자리에 있지 않고 외현동사부에서 이동(즉 vP 내의 이동)을 겪는다는 것이 Winkler의 주장인데 과연 이를 뒷받침하는 증거가 있는지를 이 절에서 논의하고 있다.

많은 학자들이 주제화 이동(topicalization)이 공백화 구문에서 가능하다는 것을 관찰해 왔는데(Sag 1977, Wilder 1994, Johnson 1996 등) 아래 (50)에 관련된 예문들이 제시되어 있다.

(50) a. At our home we play poker and at Mary's house bridge.

b. The beans, Harry cooked, and the potatoes, Henry.

c. During dinner, my father talked to his colleagues from Stuttgart and at lunch time to his boss.

(50a)를 예로 들어서 그 억양유형을 나타내 보면 다음과 같다.

(51) a. At OUR home we play POKER and at MARIA's BRIDGE.

b.　　 H*L　　　　　　 H*L-L%　　　　 H*+L H-　 H*+L%

이러한 억양 유형은 앞서 논의되었던 공백화의 전형적 억양 유형과 같은 양상을 보이는데 이는 결국 주제화 변형을 겪은 것으로 인식되는 이 구들이 vP의 가장자리인 비논항위치에서 대조 잔여성분과 그 상대구 역할을 한다고 해석할 수 있다.

부정극어를 사용해서도 유사한 종류의 증거를 찾을 수 있는데 관련된 예 문들은 (52)에 제시되어 있다. A2의 문장에서 부정극어인 *at any time*은 주제화 변형을 겪은 것으로 이해될 수 있는데 그럼에도 불구하고 이 문장은 정문이다.

(52) A1: Was your father in a bad mood last night?

B:　 Why? Did he do anything strange?

A2: During dinner he didn't annoy Manny or at any time Amanda, for that matter.

(52A2)의 가장 전형적인 억양 유형은 아래 (53)과 같다.

(53) During DINNER he DIDN'T annoy MANNY or

　　　　　 H*+L H-　　 H*+L　　　　 H*+L H-

at ANY time AMANDA for that matter.

　 H*+L　　　 H*+L　　　　　 L-L%

이 억양 유형에서는 음조하강이 *at any time*과 *Amanda*에서 발생함을 알 수 있다. 이 문장이 문법적이기 때문에 앞 대등구의 부정어가 두 번째 대등구의 부정극어 표현을 인가해야 하는데 그 위치가 바로 부정어에 의해 성분통어되면서 주제화 변형의 도착점으로 기능할 수 있는 비논항 위치인 vP의 가장자리 위치라는 것이 Winkler의 주장이다. 그녀에 따르면 결국 이러한 자료들은 (65)에서 보듯 주제 잔여성분과 초점 잔여성분이 모두 vP의 가장자리로 이동한다는 것을 지지하는 증거가 될 수 있다.

(54)

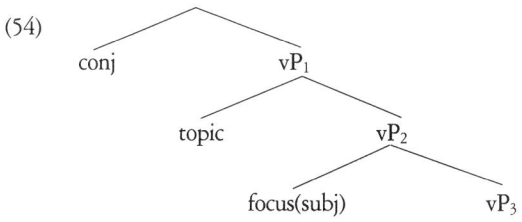

그렇다면 두 번째 잔여성분이 vP의 가장자리로 간다는 것을 보이는 증거는 무엇인가? 이에 대해 Winkler는 강력한 증거를 찾기는 어려우나 한 가지 이론내적인 증거가 있다고 한다. 이 증거는 바로 공백화가 구성소에만 적용될 수 있다는 주장과 다중의문사구가 공백화의 대상이 될 수 있다는 사실에 토대를 둔다.

(55) Bill asked WHICH /TEACHER you assigned to WHICH CLASS \ and WHICH /TUTOR to WHICH DISCUSSION GROUP \

측면이동 분석을 가정하면 잔여 의문사구들이 모두 vP 내부에서 이동해 나가 vP의 가장자리인 비논항 위치로 갔다고 보면 (55)가 설명된다고

Winkler는 주장한다.

4. 요약 및 결론

지금까지의 Winkler의 주장을 요약하자면, 담화의존생략과 문장의존생략을 각각 다르게 분석해야 한다고 그는 주장하며 이중순환주기가설을 도입하면 이들에 대한 올바른 설명을 제공할 수 있다는 가정을 세우고, 4장에서는 공백화를 통해 이 주장을 검증하였다. Winkler의 주된 주장을 요약하자면 다음과 같다.

(i)   공백화 구문은 측면이동 분석에서 제안된 바와 같이 vP 등위 접속을 통해 설명될 수 있다.

(ii) 공백화 구문에서는 잔여성분이 vP의 가장자리로 이동해 간다.

(iii) 이동한 잔여성분들은 국면인 vP가 표층의미해석부로 보내질 때 대조 해석을 받게 된다.

이중순환 정보구조가설의 의의와 전망

1. Winkler 분석의 의의

지금까지 우리는 이중순환 정보구조가설과 동시연산분석을 토대로 한 Winkler의 생략현상 분석을 살펴보았다. 생략현상에 대한 연구는 지난 수십 년간 지속되어 왔다. 그 간의 연구성과를 바탕으로, 모든 생략현상이 동일한 도출과정을 통해 생성되는 것이 아니고 도출방식에 따라 최소한 그게 두 가지(또는 그 이상의) 종류로 생략현상을 나눌 수 있다는 것에 대해서는 어느 정도 합의가 이루어진 것으로 보인다. 예를 들어 4장에서 소개된 바 있는 Johnson(1996)은 동사구생략 구문과 공백구문이 동일한 과정을 통해 생성되는 것이 아니라는 주장을 지지하는 다양하고 강력한 증거들을 제공하고 있으며 이를 설명하기 위해 이 두 구문이 서로 다른 도출과정을 거쳐 생성된다는 주장을 하고 있다. 즉 동사구 생략구문은 전통적인 의미에서의 생략을 내포하는 구문이지만 공백구문은 생략을 내포하고 있는 것이 아니라 동사구의 전역이동을 통해서 생성된다는 것이 그의 주장이고 이것이 널리 받아들여지고 있는 상황이다. 실상 Winkler의 분석의 중요한 출발점도 또한 영어의 동사구

생략구문과 공백구문이 보이는 여러 가지 중요한 차이점들이라고 볼 수 있다.

Winkler 분석의 의의는 다른 학자들이 단순히 생략 내부에 다른 종류의 현상들이 섞여 있다고 하는 것을 묵시적으로 인정하거나 또는 부분적으로 증명하려고 시도했던 것과는 달리 이들 상이한 종류의 생략현상들을 큰 틀에서 다시 조망하여 생략현상을 서로 다른 통사적, 의미적, 음운적 특성이나 도출방식을 지닌 두 유형으로 구분할 수 있다는 제안을 하고 있는 점이다. 특히 이러한 분석을 추구함에 있어 국면의 개념을 도입하여 통사부와 의미부, 그리고 음운부 사이에 지속적인 소통이 가능한 순환모델을 제안하고, 이들이 동시에 연산될 수 있도록 함으로써 언어분석의 틀을 다양화시키고 이를 통한 설명의 다변화를 추구하고 있다는 점이 주목할 만 하며 이것이 그녀의 분석의 가장 중요한 장점이라고 할 수 있을 것이다.

여기서 주목할 것은 이러한 혁신적인 제안이 그녀 분석의 장점이면서 동시에 약점이 될 수도 있다는 점이다. Winkler의 제안이 지닌 한계를 논하기 이전에 먼저 그녀의 분석을 간략히 요약해서 살펴보도록 하자. 그녀의 이중정보순환구조가설과 동시연산분석은 담화의존형생략과 문장의존형생략이라는 두 가지 다른 종류의 생략 현상을 구분해 내고 이들에 대해 다른 종류의 도출과정을 부여한다. 담화의존형생략의 경우는 통사적 이동이 내포되어 있지 않고, 출발부터 보이지 않는 대용사 즉 공대용사로 출발하게 되는 반면에 문장의존형생략은 통사적 이동을 내포하는 생략이다. 국면단위로 연산이 이루어질 때 이동된 요소를 내포하는 경우는 순환적으로 도출이 이루어지며 이 경우 담화의존형생략의 경우에 받는 초점(신정보에 주어지는 정보초점)과 다른 대조적 초점을 받도록 규정되어 있다. 결국 Winkler는 생략현상을 설명하기 위해 그동안 제안되어 온 두 가지 유형의 설명—PF삭제설명과 해석적(또는 대용어)설명의 두 가지를 혼합한 생략의 혼성초점분석을 제안한다.

위 제안을 구체화시키면서 Winkler는 담화의존형생략에 속하는 구문으로 영어의 동사구 생략구문, 독일어의 동사구 대용구문 등이 있고, 문장의존형생략에는 영어의 공백화구문과 탈피구문 등이 속한다고 주장하고 있다. 이미 본문에서 자세히 논의되었던 바와 같이 이러한 분석을 통해 Winkler가 성취한 가장 중요한 성과는 이전 분석에서 언어표현의 생략이 일어나는 곳과 해석이 일어나는 곳이 달랐기 때문에 생기는 문제점이나 어려움을 극복할 수 있는 방안을 제시했다는 점이다. 그러나 이론적인 구분을 가능케 하는 틀의 형태적 아름다움과 이러한 구분이 과연 경험적으로 뒷받침되는가 하는 점은 별개의 문제이다. 다시 말하면, Winkler가 다른 학자들과 마찬가지로 생략구문을 두 가지 다른 유형으로 나누는 점에서는 유사한 점이 있지만 실제로 생략 현상을 구분하는 기준과 그 결과가 지금까지 밝혀져 온 생략현상의 특성들과 자연스럽게 조화를 이루는 것처럼 보이지는 않는다.

전통적인 생략현상 연구에서는 그 출발점부터 구조와 내용을 지니고 있던 부분을 삭제하든 아니면 공대용사를 설정한 뒤 의미를 복원하든 간에 실제로 소리가 나지 않는 부분이 존재한다고 생각해왔다. 공백구문이나 우향가지인상구문들도 예외가 아니어서 이들도 전통적인 생략현상과 마찬가지로 삭제분석이나 해석적 분석의 적용을 통해 설명될 수 있다고 1990년대까지도 믿어져 왔지만 최근에 제안된 공백구문에 대한 Johnson(1996)의 전역이동 분석이나 우향가지인상구문에 대해 Wilder가 Kayne의 LCA를 수정하여 제안한 분석들은 상당한 지지를 얻고 있고 이 제안들이 맞다면 생략구문은 진정한 의미에서의 생략구문과 그렇지 않은 구문들로 나뉘게 될 것이다. 그런데 Winkler의 생략현상 구분은 이러한 통사적 특성에 대한 구분들을 그대로 유지하는 것이 아니라는 점에 우리는 주목할 필요가 있다. 즉 지금까지의 이분법이 공백구문/우향가지인상구문 대 나머지 생략구문이었다면 Winkler의 경우는 이와 다른 이분법을 사용하고 있으므로 어느 쪽이 옳은 것인지, 아니면 이 둘이 서로 조화가 될 수 있는 것인지 확인할 필요가 있는 것이다.

2. 이중순환 정보구조가설의 전망

Winkler의 경우 자신의 제안을 전개함에 있어 주로 몇 가지 구문에 국한시켜 논의를 진행하였는데 영어 동사구생략구문과 독일어 동사구 대용화 구문 그리고 영어 공백구문이 그 주된 연구대상이었다. 앞서 언급되었듯이 동사구생략구문과 공백구문이 서로 상이한 종류의 구문이라는 것은 Johnson (1996)과 그 이전의 여러 논문들에서 이미 직간접적으로 논의가 되어왔고 Johnson이 특히 그의 일련의 논문들(1996, 2006)에서 명확하게 보여준 바 있다. 따라서 Winkler의 분석의 의의는 통사적인 측면에서 새로운 자료나 현상을 발견한 데 있다기보다는 기존의 현상들에 대해 정보구조부와 음운부를 아우르는 분석의 틀을 마련했다는데 그 중요한 의의가 있다.

그러나 이러한 Winkler의 분석이 올바른 궤적에 있는가를 보기 위해서는 그녀가 논의하고 있는 소수의 구문만이 아니라 더 많은 생략구문을 살펴보아야 하며 Winkler 자신도 이를 인지하고 결론 부분에서 여타 생략구문에 자신의 분석을 확대할 가능성에 대해 언급하고 있다. 그에 해당하는 가장 중요한 시금석이 될 구문이 바로 유사공백구문이다. 아래 제시된 유사공백 구문의 예를 보도록 하자.

(1) Mary will play the piano and Anna will the flute.

유사공백구문은 Winkler의 분석기준으로 볼 때 공백구문과 같은 성격을 띤 생략유형, 즉 문장의존형 생략으로 분류되어야 한다. 그 이유는 문장의존형생략의 정의에 있어서 필수적인 준거인 초점이동을 겪은 잔여성분이 존재하기 때문이다. 국면인 vP의 가장자리 자질인 [+F]가 주어와 목적어까지 vP의 가장자리로 초점이동을 겪게끔 유인하고 그 결과 비어있게 된 vP가 수평이동하면 유사공백구문이 도출되리라는 것이 Winkler의 분석에서 예측된다. 또한 유사공백구문은 공백구문과 마찬가지로 구성소가 아닌 요소들을 생략할 수 있는 것처럼 보인다. 아래 예문은 이를 잘 보여준다.

(2) The DA will prove John guilty and the assistant DA will Susan.

위 예문에서 생략된 것은 동사인 prove와 보어인 guilty인데 이들은 주어진 어순 상으로만 보면 분명히 구성소가 아님에도 생략이 가능하다. 비구성소가 생략이 되는 경우에는 Winkler의 분석에서 필연적으로 초점이동을 통해 동사구(vP)를 비운 후 이를 수평이동을 시키는 방법을 통해 생성을 해야 하므로 동사구생략구문과 같은 담화의존형생략이 아니라 공백화와 같은 문장의존형생략으로 분류할 수 밖에 없게 된다.

그러나 잘 알려져 있다시피 공백구문과 유사공백구문은 서로 다른 특징들을 많이 지니고 있다. 몇 가지 예를 들면,42) 공백화는 등위접속구문에서만 허용된다는 특징이 있고, 유사공백화는 그렇지 않다.

---

42) 공백화와 유사공백화의 이 차이들은 Johnson(2006)의 예들을 원용하였다. Johnson은 이밖에도 몇 가지 다른 차이들을 들고 있지만 여기서는 이 두 가지만을 논의하겠다.

(3) a. Some had eaten mussels because others had shrimp.

b. *Some had eaten mussels because others shrimp.

두 번째로 유사공백화는 주절 뿐 아니라 내포절에서 허용이 되지만 공백은 그렇지 않아서 주절에서와 달리 내포절에서는 허락이 되지 않는다.

(4) a. Some had eaten mussels and she claims that others had shrimp.

b. *Some had eaten mussels and she claims that others shrimp.

(4b)는 등위접속문이지만 공백이 내포절에 있기 때문에 비문이다.

물론 공백구문과 유사공백구문이 서로 다른 특징을 지니고 있다는 것이 직접적으로 Winkler의 분석에 문제를 야기하는 것은 아니다. 공백구문과 유사공백구문이 동사구생략구문과는 다른 문장의존형 생략이면서도 서로 다른 특징을 지닐 가능성도 존재하기 때문이다. 즉 동사구생략구문은 담화의존형 생략이고 공백구문과 유사공백구문은 문장의존형 생략인 것이 사실이지만 문장의존형 생략 중에도 또 다른 하위구분이 필요할 수 있다는 것이다. 그러나 위에서 제시된 환경을 동사구생략구문에 적용해 보면 동사구생략구문이 유사공백구문과 동일한 유형의 문법성을 지니는 것을 확인할 수 있다.

(5) a. Some had eaten mussels because others had, too.

b. Some had eaten mussels and she claims that others had, too.

동사구생략구문은 (5a)에서 보듯 우선 등위절이 아닌 환경에서 자유로이 허락이 되며 (5b)에서 볼 수 있듯이 내포절에도 나타날 수 있어서 유사공백구문과 같은 행동을 보인다. 따라서 왜 다른 종류의 생략유형이면서도 오히려 같은 종류의 생략유형과는 공유하지 않는 특징을 지니는지를 밝혀내지 못하는 점이 Winkler에게 부담으로 작용한다.

그러나 유사공백구문이 단순한 동사구생략구문이라면 설명할 수 없는 차이점들도 많다. 실제로 유사공백구문에 대한 학자들의 분석도 두 갈래로 나눌 수 있다. Jayaseelan(1990)과 Lasnik(1999) 등은 유사공백구문이 동사구생략과 같이 취급되어야 한다고 주장한다. 하지만 Agbayani & Zoerner(2004)는 유사공백구문을 공백구문과 같이 취급하는 것이 맞고 동사구생략구문과는 다르게 보아야 한다는 입장을 취한다. 그러한 입장을 지지하는 자료들은 다음과 같다.

먼저 동사구생략구문에서는 조동사가 2개 이상 나타나는 것이 허락되는데 유사공백구문에서는 그런 현상이 나타나지 않는다.

(6) a. Robin has been playing the oboe, and Kim has been too.
  b. Pat could have been drinking beer, and Kim could have been, too.

(7) a. ?*Robin hasn't been playing the oboe as much as she has been the bassoon.
  b. ?*Pat couldn't have been drinking beer as much as she could have been gin.

두 번째로, 동사구생략은 후방조응이 가능하지만 유사공백구문은 그렇지 못하다.

(8) a. Even if Kim could speak French, she wouldn't speak French.

    b. As much as I should paint the kitchen, I won't paint the kitchen

(9) a. *Even if Kim could speak every Romance language, she wouldn't French.

    b. *As much as I should paint the entire kitchen, I won't behind the refrigerator.

세 번째로, 동사구생략이라면 to 부정사구를 뒤에 남길 수 있다. 그러나 유사공백구문에서는 그런 일이 불가능하다.

(10) a. Maybe I should read Ivanhoe, but I don't have to.

    b. I don't play chess as often as I would like to

(11) a. *I have to read Lady in the Lake, but I don't have to, Ivanhoe.

    b. *I don't play chess as often as I would like to, checkers.

지금까지 살펴본 바를 검토하면 유사공백구문이 공백구문과 동사구생략 구문의 특성을 혼합적으로 보이기 때문에 어느 한 범주에 속한다고 확실하게 말하기 힘들다. 만일 앞으로 어떤 연구자가 있어 유사공백구문도 공백구문과 같은 방식을 통해 도출되고 공백구문과 유사공백구문이 지니는 차이는 도출 과정에서의 차이 때문에 생긴다는 것을 증명한다면, 이러한 방향으로 이중순 환 정보구조가설을 확대하는 일이 가능해진다. 따라서 그럴 경우 Winkler의 제안은 더욱 탄력을 받게 될 것이다.

수문구문이나 탈피구문과 같은 다른 구문의 경우도 동일한 방식으로 문장의존형생략으로 볼만한 통사적, 음운적, 정보구조적 증거들을 찾아내어 Winkler의 예측처럼 이것들이 담화의존형생략이 아니라 문장의존형생략이 맞는지 확인을 해야 한다. 현재로서는 성공할 확률이 상당히 높다고 보며 앞으로 연구의 방향에 따라 이중순환 정보구조가설의 효율성이 더 많은 자료를 통하여 검증될 것으로 보인다.

참고문헌

Ariel, M. (1990) *Accessing Noun Phrase Antecedents*. London: Routledge.

Agbayani, B. & E. Zoerner. (2004) Gapping, Pseudogapping and Sideward Movement in *Studia Linguistica, Vol. 58.3.* pp. 185-211.

Akmajian, A. (1973) The Role of Focus in the Interpretation of Anaphoric Expressions, *A Festschrift for Morris Halle*, New York: Holt.

Beckman, M. E. & M. A. Gayle (1997) *Guidelines for ToBI Labelling, Version 3.0.* Ohio State University.

Beckman, M. E. & J. B. Pierrehumbert (1986) Intonational Structure in Japanese and English, *Phonology Yearbook 3.*

Bresnan, J. (1971a) Sentence Stress and Syntactic Transformation, *Language 45.*

Bresnan, J. (1972b) A Note on the Notion of "Identity of Sense Anaphora", *Linguistic Inquiry 2.*

Bush, R. J. (2000) A Typology of Focal Categories, Ph. D. dissertation, University of California, Santa Cruz.

Chafe, W. L. (1976) Givenness, Contrastiveness, Definiteness, Subjects, Topic, and Points of View, *Subject and Topic*, London: Academic Press.

Chao, W. (1988) *On Ellipsis*, New York: Garland.

Chomsky, N. (1965) *Aspects of the Theory of Syntax*, MIT Press, Cambridge: MASS.

Chomsky, N. (1972) Deep Structure, Surface Structure, and Semantic Interpretation, *Studies on Semantics in Generative Grammar*, The Hague: Mouton.

Chomsky, N. (1981) *Lectures on Government and Binding: The Pisa Lectures*, Dordrecht: Foris.

Chomsky, N. (1986) *Barriers*, Linguistic Inquiry Monograph 13. Cambridge, Massachusetts, MIT.

Chomsky, N. (1995) *The Minimalist Program*, Current Studies in Linguistics 28., Cambridge, Massachusetts: MIT.

Chomsky, N. (2000) Minimalist Inquiries: The Framework, *Step by Step*, MIT Press.

Chomsky, N. (2001) Derivation by Phase, *Ken Hale: A Life in Language*, MIT Press.

Chomsky, N. (2005) *On Phases,* Cambridge: MIT Press.

Chomsky, N. & H. Lasnik (1993) The Theory of Principles and Parameters, *Syntax: An International Handbook of Contemporary Research*, Berlin: de Gruyter.

Chung, S., Ladusaw, W. & J. McCloskey (1995) Sluicing and Logical Form, *Natural Language Semantics 3*.

Clark, H. H. & S. E. Haviland (1977) Comprehension and the Given-new Contract, *Discourse Production and Comprehension*, New Jersey: Ablex.

Collins, C. (1997) Local Economy, *Linguistic Inquiry Monograph 29*.

Fery, C. and K. Hartmann (2005) Focus and Prosodic Features of German Gapping and Right Node Raising, *The Linguistic Review* 22: 67-114.

Fiengo, R. & R. May (1992) *Free and Bound Ellipsis*. MIT Press, Cambridge: MASS.

Fiengo, R. & R. May (1994) Indices and Identity, *Linguistic Inquiry Monograph 24*.

Fukui, N. & M. Speas (1986) Specifiers and Projections, *MIT Working Papers in Linguistics 8*, MIT Press.

Goldsmith, J. A. (1990) *Autosegmental and Metrical Phonology*, Oxford: Blackwell.

Halliday, M. A. K. (1967a) Intonation and Grammar in British English, *Janua Linguarum: Series Practica 48*.

Halliday, M. A. K. (1967b) Notes on Transitivity and Theme in English, Part 2,

Journal of Linguistics 3.

Hankamer, J. & I. Sag (1976) Deep and Surface Anaphora, *Linguistic Inquiry 7(3).*

Hardt, D. (1990) A Corpus-based Survey of VP ellipsis, ms. University of Pennsylvania.

Hardt, D. (1992) VP ellipsis and Semantic Identity, *Proceedings from the Second Conference on Semantics and Linguistic Theory,* Ohio: OSU.

Hardt, D. (2003) Ellipsis and the Structure of Discourse, *The Interface: Deriving and Interpreting Omitted Structures,* Amsterdam: Benjamins.

Hankamer, J. (1979) *Constraints on Deletion in Syntax,* New York, Garland.

Hartmann, C. (2000) *Right Node Raising and Gapping: Interface Conditions on Prosodic Deletion.* Amsterdam/Philadelphia: Benjamins.

Heim, I. & A. Kratzer (1998) Semantics in Generative Grammar, *Blackwell Textbooks in Linguistics 13.*

Hirschberg, J. & G. Ward (1991) Accent and Bound Anaphora, *Cognitive Linguistics 2(2).*

Inkelas, S. (1989) *Prosodic Constituency in the Lexicon.* Ph.D. diss., Stantord University. [Published 1990 by Garland, New York].

Jackendoff, R. S. (1972) Semantic Interpretation in Generative Grammar, Studies in Linguistics 2. MIT Press.

Jacobs, J. (1983a) Fokus und Skalen, Zur Syntax und Semantik der Gradpartikel im Deutschen, *Linguistische Arbeiten 138,* Tubingen: Niemeyer.

Jacobs, J. (1983b) Syntax und Semantik der Negation im Deutschen, *Studien zur theoretischen Linguistik 1,* Munchen: Fink.

Jayaseelan, K. A. (1990) Incomplete VP deletion and gapping. *Linguistic Analysis. 20,* pp. 61-84.

Johnson, K. (1996) Gapping: In Search of the Middle Field, ms. University of Massachusetts, Amherst.

Johnson, K. (2009) "Gapping is not (VP) Ellipsis," *Linguistic Inquiry* 40:2. pp. 289-328.

Kiss, K. E. (1998) Identical Focus versus Information Focus, *Language 74.*

Klein, W. (1993) Ellipsis, *Syntax: An International Handbook of Contemporary Research,* Berlin: de Gruyter.

Kratzer, A. (1991) The Representation of Focus, *Semantics: An International Handbook of Contemporary Research,* Berlin/New York: de Gruyter.

Kuno, S. (1972) Functional Sentence Perspective, *Linguistic Inquiry 3(3).*

Kuno, S. (1978) Generative Discourse Analysis in America, *Current Trends in Textlinguistics*, Berlin: de Gruyter.

Kuno, S. (1979) Newness of Information and Order of Deletion, *Cahiers Charles V: Recherches de l'Institut d'Anglais Charles V* 1: 211-221.

Ladd, R. D. (1979) Light and Shadow: A Study of the Syntax and Semantics of Sentence Accent in English, *Contributions to Grammatical Studies,* Leiden: Brill.

Ladd, R. D. (1980) *The Structure of Intonational Meaning,* Bloomington: Indiana University Press.

Ladd, R. D. (1996) Intonational Phrasing: The Case for Recursive Structure, *Phonology Yearbook 3.*

Laka, M. I. (1990) *Negation in Syntax: On the Nature of Functional Categories and Projections*, Ph. D. dissertation, MIT Press, MASS.

Lasnik, H.(1999) Pseudogapping Puzzles, *Fragmatics: Studies in Ellipsis and Gapping,* Oxford: Oxford University Press.

Legate, J. A. (1998) Verb Phrase Types and the Notion of a Phase, ms., MIT, Cambridge: MASS.

Legate, J. A. (2002) Some Interface Properties of the Phase, *Linguistic Inquiry 34(3).*

Lobeck, A. (1999) VP ellipsis and the Minimalist Program: Some Speculations and Proposals, *Fragments: Studies in Ellipsis and Gapping*, Oxford: Oxford University Press.

Merchant, J. (2001) *The Syntax of Silence: Sluicing, Islands, and the Theory of Ellipsis*, Oxford: Oxford University Press.

Merchant, J. (2003) Subject-auxiliary Inversion in Comparatives and PF Output Constraints, *The Interfaces: Deriving and Interpreting Omitted Structures*, Amsterdam: Benjamins.

Molnár, V. (1998) Topic in Focus: On the Syntax, Phonology, Semantics and Pragmatics of the So-called "Contrastive Topic" in Hungarian and German, *Acta Linguistica Hungarica 45(1-2)*.

Oehere, R. T. (1987) Boolean Properties in the Analysis of Gapping. In *Discontinuous Constituency*, G. J. Huck and A. E. Ojeda (eds.) 203-240 (Syntax and Semantics 20), San Diego, California: Academic Press.

Otani, K. & J. B. Whitman (1991) V-raising and VP ellipsis, *Linguistic Inquiry 22(2)*.

Pesetsky, D. (1987) Wh-in-situ: Movement and Unselective Binding, The Representation of (In) definiteness, *Current Studies in Linguistics 14*.

Pierrehumbert, J. B. (1980) *The Phonology and Phonetics of English Intonation*, Ph. D. dissertation, MIT, Cambridge: Mass.

Prince, E. (1981) Toward a Taxonomy of Given-New Information, *Radical Pragmatics*, New York: Academic Press.

Reinhart, T. (1982) *Pragmatics and Linguistics: An Analysis of Sentence Topics*, Bloomington: Indiana University Club Publications.

Reinhart, T. (1983a) *Anaphora and Semantic Interpretation*, London: Croom Helm.

Reinhart, T. (1983b) Coreference and Bound Anaphora: A Restatement of Anaphora Questions, *Linguistics and Philosophy 6*.

Rochemont, M. S. (1986) Focus in Generative Grammar, *Studies in Generative Linguistic Analysis 4.*

Rooth, M. E. (1992a) Ellipsis Redundancy and Reduction Redundancy, *Proceedings of the Stuttgart Ellipsis Workshop 1992*, University of Stuttgart.

Rooth, M. E. (1992b) A Theory of Focus Interpretation, *Natural Language Semantics 1.*

Rooth, M. E. (1996) Focus, *The Handbook of Contemporary Semantic Theory*, Oxford: Blackwell.

Ross, J. R. (1969) Auxiliaries as Main Verbs, *Studies in Philosophical Linguistics 1.*

Sag, I. (1976) A Logical Theory of Verb Phrase Deletion, *Papers from the 12th Regional Meeting of the Chicago Linguistic Society.*

Sag, I. (1977) *Deletion and Logical Form*, Bloomington: Indiana University Linguistic Club Publications.

Schwarz, B. (1999) On the Syntax of *either...or... Natural Language and Linguistic theory* 17: 339-370

Schwarzschild, R. (1999) GIVENness, avoid F and Other Constraints on the Placement of Accent, *Natural Language Semantics 7.*

Siegel, M. E. A. (1984) Gapping and Interpretation, *Linguistic Inquiry* 15 (3): 523-530.

Tancredi, C. (1992) *Deletion, Deaccenting and Presupposition*, Ph. D. dissertation, MIT, Cambridge: Mass.

Truckenbrodt, H. (1999) On the Relation Between Syntactic Phrases and Phonological Phrases, *Linguistic Inquiry* 30 (2): 219-255.

Uribe-Extevarria, M. (1994) Interface Licensing Conditions on Negative Polarity Items: A Theory of Polarity and Tense Interactions, Ph.D. dissertation, University of Connecticut.

Wasow, T. (1972) *Anaphoric Relations in English*, Ph. D. dissertation, MIT,

Cambridge: Mass.

Wasow, T. (1979) Anaphora in Generative Grammar, *Studies in Generative Linguistic Analysis 2.*

Williams, E. (1977a) Discourse and Logical Form, *Linguistic Inquiry 8(1).*

Williams, E. (1977b) On Deep and Surface Anaphora, *Linguistic Inquiry 8(4).*

Williams, E. (1980) Remarks on Stress and Anaphora, *Journal of Linguistic Research 1(3).*

Wilder, C. (1994) Coordination, ATB and Ellipsis: Minimalism and Kayne's Asymmetry Hypothesis. *Groninger Arbeiten zur Germanistischen Linguistik* 37:291-331.

Wilder, C. (1997) Some Properties of Ellipsis in Coordination. In *Studies on Universal Grammar and Typological Variation*, A. Alexiadou and T. A. Hall (eds.), 59-107.(Linguistik Aktuell 13.) Amsterdam/Philadelphia: Benjamins.

Winkler, S. (2000) Silent Copy and Polarity Focus in VP Ellipsis, *Ellipsis in Conjunction*, Tübingen: Niemeyer.

Winkler, S. (2005) Ellipsis, *The Encyclopedia of Language and Linguistics*, Oxford: Elsevier.

Winkler, S. & Gobbel, E. (2002) Focus, P-movement and the NSR: A View from Germanic and Romance, *Linguistics 40(6).*

Winkler, S. & K, Schwabe (2003) *Exploring the interfaces from the perspective of Omitted Structures, The Interfaces: Deriving and Interpreting Omitted Structures*, Amsterdam: Benjamins.

Zubizarreta, M. L. (1998) *Prosody, Focus and Word Order, Linguistic Inquiry Monograph 33.* MIT Press.

● 영한대조

● 한영대조

↘ 필자소개

서수현
서울대학교 영어교육과 졸업
서울대학교 대학원 영어영문학과 문학 석사
서울대학교 대학원 영어영문학과 문학 박사
현재 공주교육대학교 영어교육과 교수
ssh@gjue.ac.kr

최숙희
한국외국어대학교 영어과 졸업
한국외국어대학교 대학원 영어학 석사
한국외국어대학교 대학원 영어학 박사
현재 한국과학기술원 인문사회과학부 교수
shchoe03@kaist.ac.kr

김양순
한국외국어대학교 영어과 졸업
University of Wisconsin-Madison 언어학 석사
University of Wisconsin-Madison 언어학 박사
현재 한밭대학교 인문과학대학 영어과 교수
yskim@hanbat.ac.kr

박연미
이화여자대학교 영어영문학과 졸업
University of Michigan-Ann Arbor 언어학 석사
University of Wisconsin-Madison 언어학 박사
현재 한경대학교 인문사회과학대학 영어학과 교수
ympark@hkun.ac.kr

손근원
서울대학교 영어교육과 졸업
서울대학교 대학원 영어교육 석사
University of Connecticut 언어학 석사
University of Connecticut 언어학 박사
현재 한남대학교 영어교육과 교수
kwsohn@hnu.kr

홍성심
충남대학교 영어영문학과 졸업
University of Connecticut 언어학 석사
University of Connecticut 언어학 박사
현재 충남대학교 영어영문학과 교수
vshong@cnu.ac.kr

김연승
서울대학교 영어교육과 졸업
서울대학교 대학원 영어영문학과 문학 석사
서울대학교 대학원 영어영문학과 문학 박사
현재 공주대학교 인문사회과학대학 영어영문학과 교수
yskim@kongju.ac.kr

초점과 생략: 동시연산분석

서수현 · 최숙희 · 김양순 · 박연미 · 손근원 · 홍성심 · 김연승

발행일	2009. 8. 15
펴낸곳	도서출판 동인
펴낸이	이성모
주 소	서울시 종로구 명륜동 아남주상복합빌딩 118호
전 화	(02)765-7145, 55
팩 스	(02)765-7165
HomePage	www.donginbook.co.kr
E-mail	dongin60@chol.com

등록번호	제 1-1599호
ISBN	978-89-5506-415-5
정 가	10,000원

※ 잘못 만들어진 책은 바꾸어 드립니다.